plurall

Parabéns!
Agora você faz parte do
Plurall, a plataforma digital do
seu livro didático!
No **Plurall**, você tem acesso
gratuito aos recursos digitais
deste livro por meio do seu
computador, celular ou *tablet*.

Venha para o **Plurall** e descubra
uma nova forma de estudar!
Baixe o aplicativo do **Plurall**
para Android e IOS ou acesse
www.plurall.net e cadastre-se
utilizando o seu código de
acesso exclusivo:

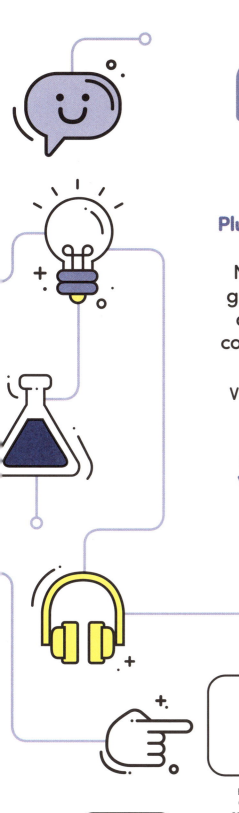

CB011593

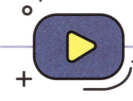

AAPBTGEX5

Este é o seu código de acesso Plurall.
Cadastre-se e ative-o para ter acesso
aos conteúdos relacionados a esta obra.

SOMOS
EDUCAÇÃO

MARCHA CRIANÇA

2º ANO

ENSINO FUNDAMENTAL

CIÊNCIAS

Maria Teresa Marsico

Licenciada em Letras pela Universidade Federal do Rio de Janeiro (UFRJ).
Pedagoga pela Sociedade Unificada de Ensino Superior Augusto Motta.
Atuou por mais de trinta anos como professora de Educação Infantil e Ensino
Fundamental das redes municipal e particular do estado do Rio de Janeiro.

Maria Elisabete Martins Antunes

Licenciada em Letras pela Universidade Federal do Rio de Janeiro (UFRJ).
Atuou durante trinta anos como professora titular em turmas do 1º ao
5º ano da rede municipal de ensino do estado do Rio de Janeiro.

Armando Coelho de Carvalho Neto

Atua desde 1981 com alunos e professores das redes pública
e particular de ensino do estado do Rio de Janeiro.
Desenvolve pesquisas e estudos sobre metodologias
e teorias modernas de aprendizado.
Autor de obras didáticas para Ensino Fundamental
e Educação Infantil desde 1993.

Vívian dos Santos Marsico

Pós-graduada em Odontologia pela Universidade Gama Filho.
Mestra em Odontologia pela
Universidade de Taubaté.
Pedagoga em formação pela Universidade Veiga de Almeida.
Professora universitária.

editora Scipione

editora scipione

Direção Presidência: Mario Ghio Júnior

Direção de Conteúdo e Operações: Wilson Troque

Direção editorial: Luiz Tonolli e Lidiane Vivaldini Olo

Gestão de projeto editorial: Tatiany Renó, Juliana Ribeiro Oliveira Alves (assist.)

Gestão de área: Isabel Rebelo Roque

Coordenação: Luciana Nicoleti

Edição: Ana Carolina Suzuki Dias Cintra, Daniella Drusian Gomes, Laura Alves de Paula e Mariana Amélia do Nascimento (assist.)

Planejamento e controle de produção: Patrícia Eiras e Adjane Queiroz

Desenvolvimento Página +: Bambara Educação

Caderno de Criatividade e Alegria: Asa de Papel

Revisão: Hélia de Jesus Gonsaga (ger.), Kátia Scaff Marques (coord.), Rosângela Muricy (coord.), Ana Curci, Ana Paula C. Malfa, Brenda T. M. Morais, Claudia Virgilio, Gabriela M. Andrade, Heloísa Schiavo, Luciana B. Azevedo, Maura Loria, Patricia Cordeiro, Raquel A. Taveira; Amanda T. Silva e Bárbara de M. Genereze (estagiárias)

Arte: Daniela Amaral (ger.), Claudio Faustino (coord.), Eber Alexandre de Souza (edição de arte)

Diagramação: Essencial Design

Iconografia e tratamento de imagem: Sílvio Kligin (ger.), Roberto Silva (coord.), Douglas Cometti (pesquisa iconográfica), Cesar Wolf e Fernanda Crevin (tratamento)

Licenciamento de conteúdos de terceiros: Thiago Fontana (coord.), Liliane Rodrigues (licenciamento de textos e fonogramas), Claudia Rodrigues, Erika Ramires, Luciana Cardoso Sousa e Luciana Pedrosa Bierbauer (analistas adm.)

Ilustrações: Bruna Assis Brasil (Aberturas de unidade), Ilustra Cartoon, José Rodrigues, Hiroe Sasaki, Osni de Oliveira, Fabio Sgroi e Fabiana Shizue

Design: Gláucia Correa Koller (ger.), Flávia Dutra (proj. gráfico e capa), Erik Taketa (pós-produção), Gustavo Vanini (assist. arte)

Ilustração e adesivos de capa: Estúdio Luminos

Dados Internacionais de Catalogação na Publicação (CIP)

```
Marcha criança ciências 2° ano / Maria Teresa Marsico...
[et al.] - 14. ed. - São Paulo : Scipione, 2019.

    Suplementado pelo manual do professor.
    Bibliografia.
    Outros autores: Maria Elisabete Martins Antunes, Armando
Coelho de Carvalho Neto, Vívian dos Santos Marsico.
    ISBN: 978-85-474-0192-4 (aluno)
    ISBN: 978-85-474-0193-1 (professor)

    1.   Ciências (Ensino fundamental). I. Marsico, Maria
Teresa. II. Antunes, Maria Elisabete Martins. III. Carvalho
Neto, Armando Coelho de. IV. Marsico, Vívian dos Santos.

2019-0070                           CDD: 372.35
```

Julia do Nascimento - Bibliotecária - CRB-8/010142

2020
Código da obra CL 742208
CAE 648165 (AL) / 648164 (PR)
14ª edição
3ª impressão
De acordo com a BNCC.

Impressão e acabamento: Bercrom Gráfica e Editora

Uma publicação  **SOMOS** EDUCAÇÃO

Os textos sem referência foram elaborados para esta coleção.

Bruna Assis Brasil/Arquivo da editora

Com ilustrações de **Bruna Assis Brasil**, seguem abaixo os créditos das fotos utilizadas nas aberturas de Unidade:

UNIDADE 1: Moita central p.9 e 10: AustralianCamera/Shutterstock, **Bromélia:** Ricardo de Paula Ferreira/Shutterstock, **Árvore à direita p.9:** gan chaonan/Shutterstock, **Flores parte inferior esquerda p.8:** Artem Avetisyan/Shutterstock, **Árvore à esquerda na p.9:** Nudphon Phuengsuwan/Shutterstock.

UNIDADE 2: Flor da p.51: Brzostowska/Shutterstock, **Moita p.50 e 51:** Chansom Pantip/Shutterstock, **Joaninha vista de cima:** irin-k/Shutterstock, **Joaninha vista de lado:** irin-k/Shutterstock, **Flor na p.50 abaixo:** Gita Kulinitch Studio/Shutterstock, **Flor na p.50 acima:** cynoclub/Shutterstock, **Borboleta na p.51:**ecco/Shutterstock, **Borboleta amarela na p.50:** ecco/Shutterstock, **Borboleta em vista lateral na p.50:** ecco/Shutterstock, **Abelha:** irin-k/Shutterstock, **Caramujo:** Aleksandar Dickov/Shutterstock, **Costela de Adão:** deckorator/Shutterstock, **Agave:** Aniroot Mankhamnert/Shutterstock.

UNIDADE 3: Vegetação de fundo p.86: AJancso/Shutterstock, **Vegetação p.9:** Sinnakorn Phothong/Shutterstock.

UNIDADE 4: Latões de lixo reciclável: Matee Nuserm/Shutterstock, **Casas de fundo p.128:** portumen/Shutterstock, **Casas de fundo p.129:** Patryk Kosmider/Shutterstock, **Toalha xadrez:** Evlakhov Valeriy/Shutterstock, **Árvore p.128:** Odua Images/Shutterstock, **Árvore p.129:** Odua Images/Shutterstock, **Tigela de frutas:** victoriaKh/Shutterstock, **Garrafas coloridas:** Malosee Dolo/Shutterstock, **Caminhão de lixo:** I'm friday/Shutterstock, **Pão sobre tábua de madeira:** mama_mia/Shutterstock, **Chafariz:** Alrandir/Shutterstock, **Banco de jardim:** Sergiy Kuzmin/Shutterstock, **Poste com lâmpada:** Lev Kropotov/Shutterstock.

APRESENTAÇÃO

Querido aluno

Preparamos este livro especialmente para quem gosta de estudar, aprender e se divertir! Ele foi pensado, com muito carinho, para proporcionar a você uma aprendizagem que lhe seja útil por toda a vida!

Em todas as unidades, as atividades propostas oferecem oportunidades que contribuem para seu desenvolvimento e para sua formação! Além disso, seu livro está mais interativo e promove discussões que vão ajudá-lo a solucionar problemas e a conviver melhor com as pessoas!

Confira tudo isso no **Conheça seu livro**, nas próximas páginas!

Seja criativo, aproveite o que já sabe, faça perguntas, ouça com atenção...

... E colabore para fazer um mundo melhor!

Bons estudos e um forte abraço,

Maria Teresa, Maria Elisabete,
Vívian e Armando

CONHEÇA SEU LIVRO

Veja a seguir como seu livro está organizado.

UNIDADE

Seu livro está organizado em quatro Unidades. As aberturas são compostas dos seguintes boxes:

Entre nesta roda
Você e seus colegas terão a oportunidade de conversar sobre a imagem apresentada e a respeito do que já sabem sobre o tema da Unidade.

Nesta Unidade vamos estudar...
Você vai encontrar uma lista dos conteúdos que serão estudados na Unidade.

VOCÊ EM AÇÃO

Você encontrará esta seção em todas as disciplinas. Em **Ciências**, há atividades procedimentais, experiências ou vivências para você aprender na prática o conteúdo estudado.

O TEMA É...

Comum a todas as disciplinas, a seção traz uma seleção de temas para você refletir, discutir e aprender mais, podendo atuar no seu dia a dia com mais consciência!

ATIVIDADES

Momento de verificar se os conteúdos foram compreendidos por meio de atividades diversificadas.

AMPLIANDO O VOCABULÁRIO

Algumas palavras estão destacadas no texto e o significado delas aparece sempre na mesma página. Assim, você pode ampliar seu vocabulário.

SAIBA MAIS

Boxes com curiosidades, reforços e dicas sobre o conteúdo estudado.

Ao final do livro, uma página com muitas novidades que exploram o conteúdo estudado ao longo do ano.

⋛Material complementar⋚

CADERNO DE CRIATIVIDADE E ALEGRIA

Material que explora os conteúdos de Ciências de forma criativa e divertida!

MUNDO DA CIÊNCIA

Uma nova revista recheada de conteúdos para você explorar e aprender mais! Elaborada em parceria com o Jornal *Joca*.

⋛Quando você encontrar estes ícones, fique atento!⋚

 No caderno

 Em dupla

 Em grupo

Sempre que possível, o tamanho aproximado de alguns seres vivos será indicado por esses símbolos. Quando a medida for apresentada por uma barra vertical, significa que ela se refere à altura. Quando for representada por uma barra horizontal, significa que se refere ao comprimento.

SUMÁRIO

Bruna Assis Brasil/Arquivo da editora

PÁGINA + UM PASSEIO PELA CHAPADA

Bruna Assis Brasil/Arquivo da editora

UNIDADE 1

O AMBIENTE

Entre nesta roda

- Observe o ambiente e descreva o que aparece nele.
- Quais elementos naturais não vivos você pode observar?
- Quais seres vivos estão nesse ambiente?

Nesta unidade vamos estudar...

- Planeta Terra
- Ambientes
- Seres vivos e elementos não vivos
- Recursos naturais
- Problemas ambientais

ONDE VIVEMOS

O planeta Terra

Chamamos de ambiente todo espaço onde se desenvolve a vida, incluindo todas as atividades do ser humano, dos animais e dos vegetais. O ambiente é formado por tudo o que está ao nosso redor: plantas, animais, água, ar, solo, luz e calor do Sol.

Nós moramos no planeta Terra, onde há vários ambientes em que existem seres vivos, como as plantas e os animais, e elementos não vivos, como as rochas e a água. Os elementos não vivos podem ser naturais ou construídos pelo ser humano, como os prédios, as casas e as ruas.

Observe abaixo um exemplo de ambiente localizado na África.

ImageFlow/Shutterstock

fokke baarssen/Shutterstock

● Girafas e zebras na Tanzânia, país africano.

Atividades

1 Observe a imagem e responda às questões a seguir.

Ilustra Cartoon/Arquivo da editora

a) Quais são os seres vivos?

....

b) Quais são os elementos não vivos naturais?

....

c) Quais são os elementos não vivos construídos pelo ser humano?

....

2 Em uma folha à parte, desenhe um ambiente que você considera perfeito para viver com alegria.

a) O que existe no ambiente que você desenhou?

b) O que há de semelhante nos ambientes que você e seus colegas desenharam?

c) O que há de diferente nos ambientes que você e seus colegas desenharam?

Os seres vivos e o ambiente

Quando olhamos atentamente ao nosso redor, podemos ver que existem muitas formas de vida no mundo. Observe alguns exemplos.

● Indígenas do povo pataxó em Porto Seguro, Bahia, 2015.

● Flor de lótus.

20 centímetros

● Libélula.

3,5 centímetros

EXPLORE A
PÁGINA ✚
E DIVIRTA-SE!

● Viajantes e camelos no deserto do Saara, na África.

Renato Soares/Pulsar Imagens

jaideephoto/Shutterstock/Glow Images

iliuta goean/Shutterstock

hecke61/Shutterstock

Ser vivo e elemento não vivo

Como vimos, nos ambientes existem seres vivos e elementos não vivos.

Os animais e as plantas são elementos vivos do ambiente. Eles nascem, crescem, podem se reproduzir e morrem. Veja o que acontece com o pé de feijão e o cachorro.

germinação   crescimento   reprodução   envelhecimento e morte

Elementos não proporcionais entre si.

nascimento   desenvolvimento   reprodução   envelhecimento e morte

Já a água, as rochas e a luz são exemplos de elementos não vivos, assim como o solo, os metais e todos os objetos fabricados pelo ser humano.

● Neste local há elementos não vivos (luz, ar, água, rochas) e seres vivos (plantas).

13

Atividades

1 Hugo voltou de viagem com a família e decidiu montar um álbum de fotos dessa viagem. Veja uma página do álbum abaixo.

Alter do Chão: o que vi

● Praia fluvial no rio Tapajós, em Alter do Chão, no Pará. A praia só aparece nos períodos de seca.

Ilustra Cartoon/Arquivo da editora

Foto: Eduardo Zappia/Pulsar Imagens

● Observe a fotografia e responda.

a) Quais elementos naturais não vivos Hugo pode ter observado durante sua viagem?

....

....

b) É possível afirmar que Hugo viu seres vivos em Alter do Chão? Se sim, quais?

....

....

c) Na sua opinião, Hugo observou elementos que foram construídos por pessoas? Se sim, quais?

....

....

....

2 Observe estas cenas e converse com os colegas e o professor. Depois responda às questões.

cena 1

cena 2

cena 3

Ilustrações: José Rodrigues/Arquivo da editora

a) Na cena 1, o que o pássaro está fazendo?

....

....

....

b) Compare as cenas 1 e 2. O que mudou na cena 2?

....

....

c) Além dos pássaros, qual outro ser vivo é mostrado nas cenas?

....

....

d) Isso acontece com os pássaros porque eles são:

☐ elementos não vivos.

☐ seres vivos.

3 Danilo e sua família decidiram fazer um piquenique. Veja o ambiente que eles escolheram.

Ilustra Cartoon/Arquivo da editora

a) Como é o ambiente em que Danilo e sua família estão fazendo o piquenique?

☐ Limpo e conservado.

☐ Sujo e malcuidado.

b) Quais seres vivos aparecem na imagem?

_____

_____

c) Faça um **X** sobre os elementos não vivos.

4 Os ambientes são compostos de seres vivos e elementos não vivos. Vá ao **Caderno de criatividade e alegria** e divirta-se com a atividade **2** da página **4**.

2 OS DIFERENTES AMBIENTES DA TERRA

Como vimos, existem diferentes ambientes em nosso planeta. Eles podem ser terrestres ou aquáticos.

Os ambientes aquáticos são formados por água, que pode ser salgada, como oceanos e mares, ou por água doce, como rios e lagos.

● Cardume no rio Formoso, em Bonito, Mato Grosso do Sul, 2018.

● Guarda do Embaú, em Santa Catarina, 2018.

Os ambientes que não apresentam região coberta por água, como florestas, campos e desertos, são chamados terrestres.

● Área de deserto nos Estados Unidos, 2019.

● Área de floresta em Cascavel, no Paraná, 2019.

● Área com neve na Islândia, país europeu, 2018.

O Sol e o ambiente

No decorrer do dia, podemos observar o Sol, aparentemente, em diferentes posições no céu. Isso ocorre porque a Terra se movimenta ao redor do Sol e ao redor de si mesma.

Na metade do dia, o Sol está no ponto mais alto do céu.

Quando o Sol aparece no horizonte pela manhã, dizemos que está nascendo.

No final da tarde, quando o Sol desaparece no horizonte, dizemos que ele está se pondo.

Fabio Colombini/Acervo do fotógrafo

🔵 Movimento aparente do Sol visto da serra da Mantiqueira, em Santo Antônio do Pinhal, São Paulo, 2017.

Pedro observou a projeção da sombra de uma árvore no quintal de sua casa em três horários diferentes. Veja:

Elementos não proporcionais entre si.

09:00

12:00

16:00

Ilustrações: Ilustra Cartoon/Arquivo da editora

O movimento aparente do Sol faz com que as sombras mudem de posição e tamanho ao longo do dia.

A luz e o calor fornecidos pelo Sol são componentes essenciais à vida na Terra.

Podemos perceber a luz solar por meio da claridade existente no ambiente durante o dia. O calor proveniente da luz solar pode ser percebido de diferentes maneiras.

A BOLA ESTÁ QUENTE!

Ilustrações: Ilustra Cartoon/Arquivo da editora

Saiba mais

O Sol e a Terra

A Terra gira ao redor do Sol. Assim, nosso planeta recebe luz e calor.

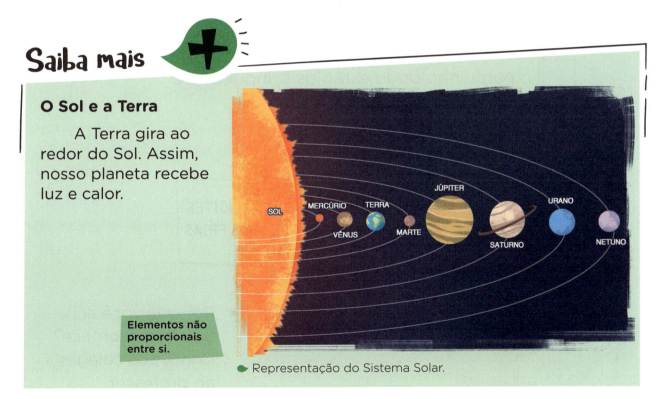

Elementos não proporcionais entre si.

● Representação do Sistema Solar.

Atividades

1 Observe a imagem desta praça no início da tarde. Depois, faça o que se pede.

Ilustrações: Ilustra Cartoon/Arquivo da editora

a) Como esse ambiente está sendo iluminado?

....

b) Na sua opinião, o local mais fresco nesse ambiente é:

☐ o parquinho onde estão os brinquedos.

☐ o banco embaixo da árvore.

2 Leia o que Vinícius diz.

EU REPAREI QUE AS NOITES COSTUMAM SER MAIS FRIAS DO QUE OS DIAS.

• Por que você acha que isso acontece? Conte aos colegas e ao professor.

3 Daniela observou a sua sombra em diferentes horas do dia.

Ilustrações: Ilustra Cartoon/Arquivo da editora

8:00 h   12:00 h   16:00 h

a) O que aconteceu com a sombra ao longo do dia?

☐ A sombra não mudou de posição.

☐ A sombra mudou de posição.

b) Aconteceu alguma mudança no tamanho da sombra de Daniela?

☐ sim   ☐ não

c) Por que você acha que isso ocorreu? Conte aos colegas e ao professor.

4 Há diferentes ambientes no planeta Terra. Vá ao **Caderno de criatividade e alegria** e identifique alguns desses ambientes na atividade **1** da página **3**.

5 Sabia que você pode representar o movimento aparente do Sol? Faça a atividade **3** da página **5** do **Caderno de criatividade e alegria** e descubra como.

OS RECURSOS NATURAIS

Tudo o que o ser humano utiliza ou retira da natureza é chamado recurso natural. A luz solar, o ar, a água e o solo são recursos naturais.

O Sol

O Sol é uma estrela e, portanto, tem luz própria.

Sem a luz e o calor do Sol não haveria vida na Terra, pois a ausência dos raios solares congelaria todo o nosso planeta.

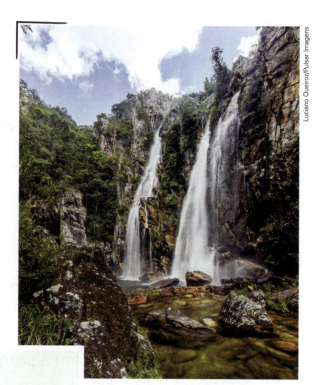

● Cachoeira da Parida, Minas Gerais, 2018.

● O Sol fornece luz e calor aos seres vivos.

O ar

O ar é outro componente do ambiente. Apesar de não ser visível, o ar está presente no ambiente e é indispensável para a existência da vida como a conhecemos, além de ser fundamental para a respiração dos animais e dos vegetais.

● Balões de ar quente.

A água

A água é o componente do ambiente que cobre grande parte da superfície do planeta Terra. Pode ser encontrada em diferentes formas e lugares, como nos mares, nos rios, nos lagos, no solo, no ar, nas plantas e no corpo dos seres vivos.

Em nosso cotidiano, utilizamos a água para beber, cozinhar e lavar nosso corpo e os alimentos.

🔵 Mulher e criança da etnia paresí nas águas do rio Sacre, na Terra Indígena Utiariti, Mato Grosso, 2017.

O solo

O solo é formado por minerais, como rochas, argila e grãos de areia, e por restos de animais e plantas. O solo é muito importante para os seres vivos, pois é nele que construímos nossas casas e plantamos os alimentos. Muitas plantas se fixam e se reproduzem no solo, necessitando dele para viver.

🔵 Plantação de bananas na Ilha do Pontal, em Lagoa Grande, Pernambuco, 2018.

Chamamos de subsolo a região abaixo do solo. Nele vivem seres vivos como formigas e minhocas.

É do subsolo que retiramos o petróleo, com o qual se produz a gasolina, e outros recursos, como o ferro, o ouro, a prata, o alumínio, etc.

Os seres vivos

Como todos os seres vivos dependem dos elementos da natureza para sobreviver, como o ar, a água e o solo, devemos cuidar dos recursos naturais com responsabilidade.

Vegetais e animais também podem ser considerados recursos naturais quando, a partir deles, o ser humano produz remédios, alimentos, entre outros.

Atividades

1 Assinale a alternativa que completa a frase: Se o Sol não existisse...:

☐ existiria vida, pois a vida na Terra não depende do Sol.

☐ não existiria vida na Terra, pois ela seria fria e escura.

2 Ligue cada cena à legenda correta.

Ilustra Cartoon/Arquivo da editora

A menina estuda com iluminação artificial, pois é noite.

A menina estuda com iluminação natural porque é dia.

3 Complete as frases com as palavras do quadro.

água	Sol	solo	seres vivos	ar

a) O .... é a principal fonte de luz para os ....

b) O .... é importante para a respiração dos seres vivos em geral.

c) Sobre o .... construímos nossas casas.

d) Precisamos beber .... para viver.

4 Você já aprendeu que consumimos alimentos de origem animal e vegetal. Se o Sol deixasse de existir isso seria possível? Explique aos colegas a sua resposta.

5 Identifique os usos do solo que estão representados nas imagens.

Ilustrações: Ilustra Cartoon/Arquivo da editora

☐ Construção de moradia. ☐ Lazer.

☐ Cultivo de plantas. ☐ Criação de animais.

6 Vários dos materiais que estudamos são recursos naturais. Vá ao **Caderno de criatividade e alegria** e divirta-se com a atividade **5** da página **7**.

O ar está sempre à nossa volta. Nós o respiramos e sentimos, mas não o vemos.

Nas atividades a seguir vamos comprovar a existência e o peso do ar.

Cata-vento

Nesta atividade prática vamos construir um cata-vento.

Você vai precisar de:

- 1 (um) palito de sorvete
- 1 (um) pedaço de cartolina
- 1 (uma) tachinha (percevejo)
- 1 (uma) tesoura com pontas arredondadas
- fita adesiva

> **Atenção**: faça com a ajuda de um adulto.

Elementos não proporcionais entre si.

Ilustra Cartoon/Arquivo da editora

Como fazer

1 Usando a tesoura, recorte um quadrado de cartolina com 15 centímetros de lado.

2 Faça cortes nas pontas até perto do centro do quadrado, como mostra a figura.

3 Leve as pontas até o centro do quadrado e prenda-as com fita adesiva, como mostra a figura.

4 Peça a um adulto que fixe com a tachinha o cata-vento no palito de sorvete.

O peso do ar

Usando materiais simples vamos comprovar que o ar tem peso.

Você vai precisar de:

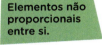
Elementos não proporcionais entre si.

- 1 (um) palito de churrasco
- 1 (um) pedaço de barbante (com, aproximadamente, o tamanho do palito de churrasco)
- 2 (dois) balões
- fita adesiva

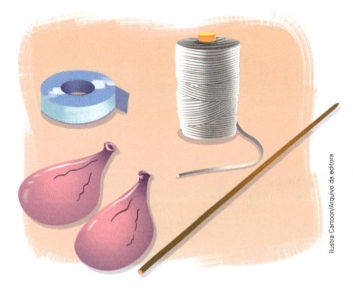

Ilustra Cartoon/Arquivo da editora

Como fazer

1 Amarre o pedaço de barbante exatamente no meio do palito de churrasco.

2 Com a fita adesiva, prenda nas pontas do palito os dois balões vazios. Segure o palito pendurado pelo barbante e observe.

3 Em seguida, encha um dos balões com um pouco de ar e prenda-o novamente na mesma extremidade do palito. Observe.

Observação e conclusão

1 Converse com os colegas e o professor sobre o que aconteceu quando você encheu um dos balões.

2 Por que você acha que isso aconteceu? Explique aos colegas e ao professor.

O que usamos no dia a dia

Você sabia que muitos dos objetos que usamos em nosso cotidiano são produzidos a partir de materiais extraídos da natureza?

Os objetos que usamos diariamente são feitos de diferentes materiais. Você já pensou em que materiais são esses?

Elementos não proporcionais entre si.

● A borracha pode ser produzida a partir do petróleo ou do látex extraído da seringueira.

Mega Pixel/Shutterstock

Maria Uspenskaya/Shutterstock

● O papel também é produzido a partir de recursos naturais.

● Os lápis são feitos da madeira, um recurso natural muito utilizado em nosso dia a dia.

Rtstudio/Shutterstock

A madeira, o plástico, o papel e o vidro são materiais extraídos da natureza e utilizados para fazer vários outros objetos que usamos no nosso dia a dia.

Cada material tem características específicas, como transparência, flexibilidade e resistência, que precisam ser consideradas ao fabricar objetos. Veja:

Elementos não proporcionais entre si.

● A madeira é um material resistente e por isso é utilizado na fabricação de móveis.

● O vidro é um material transparente e, por isso, é utilizado na fabricação de copos e janelas, por exemplo.

● O plástico é um material resistente e leve, utilizado na fabricação de muitos objetos do cotidiano.

● O papel é um material leve e pouco resistente.

● A toalha de banho é feita de tecido de algodão, um material macio e absorvente.

● A lâmina do apontador é feita de metal, um material resistente e que pode ser afiado.

● O solado dos tênis é feito de borracha para que, ao andar, a pessoa não escorregue com facilidade.

Saiba mais

Os materiais dos objetos

Antigamente os objetos eram feitos de materiais diferentes dos atuais. Com o avanço da tecnologia, os materiais foram sendo aperfeiçoados e outros foram desenvolvidos, o que permitiu a fabricação de objetos mais eficientes e práticos. Observe os exemplos a seguir.

● Antigamente, o ferro de passar roupa era quase todo feito de ferro, o que o deixava pesado.

● Atualmente, o ferro de passar roupa tem várias partes feitas de plástico, tornando-o mais leve, o que facilita o seu uso.

● Antigamente, as pessoas usavam canetas-tinteiro, que eram feitas de metal, o que as tornava pesadas.

● As canetas esferográficas usadas hoje em dia são feitas, principalmente, de plástico, o que as torna leves e facilita o seu uso.

Atividades

1 Leia a história em quadrinhos e complete as frases.

Revista **Magali**, de Mauricio de Sousa. São Paulo: Panini Comics/Mauricio de Sousa Editora. n. 40, ago. 2018. p. 55.

A floresta .... é aquela semeada pelas pessoas.

A floresta .... é aquela que ninguém plantou.

2 Saiba mais sobre as propriedades de diferentes materiais fazendo a atividade **4** da página **6** do **Caderno de criatividade e alegria.**

Vai e vem

Nesta atividade vamos observar uma propriedade de um material comum do dia a dia: o elástico de borracha.

Você vai precisar de:

- 1 (um) elástico
- 1 (um) pote largo de plástico com tampa
- 2 (dois) palitos de fósforo
- 2 (duas) porcas grandes de metal
- barbante
- tesoura com pontas arredondadas

Atenção: faça com a ajuda de um adulto.

Como fazer

1 Com um pedaço de barbante, amarre as porcas ao elástico.

2 Peça a um adulto que faça um furo no centro da tampa e outro no fundo do pote.

3 Passe uma das pontas do elástico pelo furo no fundo do pote e prenda-o, pelo lado de fora, com o palito de fósforo. Faça o mesmo com a outra ponta do elástico, prendendo-a na tampa.

4 Encaixe a tampa e empurre o pote no chão.

Observação e conclusão

- O que aconteceu com o pote? Por que você acha que isso ocorreu? Converse com os colegas e o professor.

Conservando os recursos naturais

Como vimos, tudo o que existe na natureza e que utilizamos para nossas necessidades é chamado de recurso natural. Na natureza encontramos muitos recursos, mas eles podem acabar algum dia.

Sobre os cuidados com os recursos naturais, leia a história em quadrinhos a seguir. A história mostra alguns personagens praticando atitudes de economia de recursos naturais.

Revista **Cebolinha**, de Mauricio de Sousa.
São Paulo: Panini Comics/Mauricio de Sousa Editora. n. 89. p. 33.

Atividade

- Leia a letra da canção e faça um desenho no espaço em branco na página para ilustrá-la. Depois, converse com os colegas sobre como vocês podem colaborar com a conservação dos recursos naturais.

Meio ambiente

Meio ambiente não é
só a natureza.
Também é a nossa casa,
você pode ter certeza.

Meio ambiente não é
só o rio, não,
também é o nosso bairro,
a escola e o salão.

Meio ambiente
onde estamos e vivemos,
brincamos e crescemos,
não é só a mata, não.

Meio ambiente
é nosso planeta Terra,
planta, mar, bichos, a serra,
tudo está em nossas mãos.

Meio ambiente
é nosso planeta Terra,
planta, mar, bichos, a serra,
tudo está em nossas mãos.

Meio Ambiente. **Projeto Educando Cantando**. Disponível em:
<https://www.letras.mus.br/projeto-educando-cantando/1110508/>.
Acesso em: 9 abr. 2019.

4 PROBLEMAS AMBIENTAIS

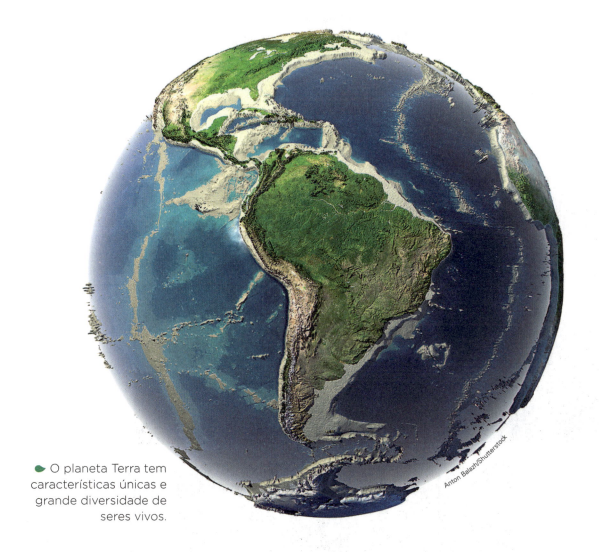

● O planeta Terra tem características únicas e grande diversidade de seres vivos.

Anton Balazh/Shutterstock

A Terra é habitada por uma grande variedade de seres vivos.

Esses seres — e nós estamos entre eles — estão relacionados uns aos outros e aos elementos não vivos do ambiente. Assim, o equilíbrio é muito importante para a sobrevivência de todos os seres vivos.

Há anos grandes alterações vêm ocorrendo no ambiente. Essas alterações geram problemas ambientais e põem em risco o delicado equilíbrio que existe na natureza.

Você sabe quem são os maiores responsáveis por essas mudanças? Somos nós, os seres humanos.

Poluição da água

Há vários tipos de poluição da água, como: despejo de esgoto doméstico e industrial em rios e mares, descarte incorreto de lixo e vazamento de petróleo e substâncias tóxicas.

A poluição de rios e mares causa desequilíbrio em todo o ambiente, fazendo com que a água não possa mais ser usada pelo ser humano e por outros animais terrestres e, em muitos casos, causando a morte de peixes e outros seres aquáticos.

Ricardo Moraes/Reuters/Fotoarena

● Em 2015, o vazamento de lama tóxica de uma mineradora causou a poluição do rio Doce, em Mariana, Minas Gerais. Semanas depois, a água contaminada chegou ao mar no litoral do Espírito Santo.

Luciana Whitaker/Pulsar Imagens

● Se não for tratado antes de ser despejado, o esgoto pode contaminar a água de lençóis freáticos, rios e córregos.

Atividades

1 Observe as cenas e converse com seus colegas e com o professor sobre elas. Em seguida, responda às perguntas.

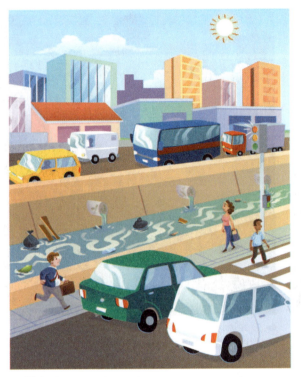

● Cidade sem chuva.

● Cidade depois da chuva.

Ilustrações: Ilustra Cartoon/Arquivo da editora

a) Na primeira cena, o rio estava poluído?

☐ sim   ☐ não

b) Na segunda cena, a poluição do rio:

☐ diminuiu.   ☐ aumentou.

2 Em sua opinião, o que as pessoas podem fazer para que os rios não sejam poluídos?

....

....

....

Poluição do ar

A poluição do ar é causada principalmente pela emissão de gases e pequenas partículas sólidas das chaminés das fábricas, dos escapamentos de carros, ônibus e caminhões e da queima das florestas, lixo e plantações. Com isso, a poluição do ar é mais intensa em áreas com pouca vegetação e em grandes centros urbanos e industriais.

● Camada de poluição em São Paulo, 2018.

● Queimada na beira de uma estrada em Pontes e Lacerda, Mato Grosso, 2018.

Uma das formas de diminuir a poluição do ar é a colocação de filtros nas chaminés das fábricas e nos escapamentos dos veículos.

Os vegetais também são capazes de melhorar a qualidade do ar. Por isso, precisamos conservar as florestas e as áreas verdes do ambiente em que vivemos.

Saiba mais

Dia Mundial Sem Carro

No Dia Mundial Sem Carro, que acontece no dia 22 de setembro, cidades do mundo todo promovem atividades de defesa do meio ambiente e da qualidade de vida. O objetivo é estimular uma reflexão sobre o uso do carro no dia a dia e incentivar o uso de transporte público, como ônibus e metrô, bem como de transporte alternativo, como as bicicletas.

Atividades

1 Elabore no espaço abaixo um cartaz para uma campanha de combate aos problemas ambientais trabalhados nesta unidade. Você pode fazer desenhos, colocar informações e dicas.

2 Vimos que a poluição modifica os ambientes e afeta a vida dos seres vivos. Faça a atividade **6** da página **9** do **Caderno de criatividade e alegria** para identificar tipos diferentes de poluição.

Poluição do solo

Assim como a água e o ar, o solo também sofre com a poluição. Isso acontece, por exemplo, quando jogamos lixo sobre ele ou destruímos sua vegetação.

Quando ocorre o desmatamento, ou seja, quando a vegetação natural é retirada e o solo não é cultivado ou recoberto corretamente, o solo fica sem proteção e pode tornar-se ruim para o cultivo ou ser destruído pela força das águas das chuvas.

● Deslizamento de terra em Mauá, São Paulo, 2019.

Johnny Morais/Futura Press

● Os lixões são locais onde ocorrem o despejo e o acúmulo irregular de lixo. Essa prática polui o solo e atrai animais que podem transmitir doenças ao ser humano. Lixão em Poconé, Mato Grosso, 2018.

César Diniz/Pulsar Imagens

Rubens Chaves/Folhapress

● Os aterros sanitários são locais apropriados para o descarte de lixo.
Aterro sanitário em Salvador, Bahia, 2017.

Os resíduos domiciliares, industriais e hospitalares, quando descartados de forma indevida, em aterros clandestinos ou lixões, também podem contaminar e poluir o solo.

Os resíduos domiciliares, ou seja, aqueles gerados em nossas casas, devem ser encaminhados, sempre que possível, à reciclagem. E o restante, que não for reciclável, deve ser encaminhado aos aterros sanitários.

Além disso, em locais onde as matas foram destruídas, é possível fazer o reflorestamento para recuperar o solo.

clandestinos: fora da lei.
reciclagem: transformação dos materiais descartados para que possam ser utilizados novamente.
reflorestamento: ato de plantar novas árvores nos lugares onde houve desmatamento.
resíduos: todo material que é produzido e descartado pelos seres humanos. Alguns resíduos podem ser reutilizados, como os domiciliares.

Saiba mais

Como descartar o lixo eletrônico?

Os produtos eletrônicos, como computadores, pilhas, baterias, lâmpadas, entre outros componentes, contêm substâncias perigosas e prejudiciais ao solo. Por isso, o descarte desses produtos deve ser feito somente em postos de coleta específicos e nunca no lixo comum.

Poluição do solo: causas e consequências

Leia o trecho a seguir extraído do livro **Por que proteger a natureza?**. Depois, responda às questões.

Um dia nossa classe fez uma excursão.

Fomos para a praia e observamos as piscinas na praia. Foi lindo!

Na volta, fizemos um piquenique em um bosque.

Começamos a fazer bagunça. [...]

A professora deu a maior bronca.

Disse que devemos proteger a natureza e não machucá-la.

"E se todos jogassem lixo onde bem entendessem?"

"A gente tropeçaria num monte de caixas, latas, papéis, plásticos quando fosse andar no campo."

Por que proteger a natureza?, de Jen Green e Mike Gordon. São Paulo: Scipione, 2004. (Coleção Valores).

- Converse com o professor e com seus colegas e responda.

   a) O que mais pode acontecer se jogarmos lixo em um local não apropriado?

   b) Explique com suas palavras o que é um solo contaminado.

Ilustra Cartoon/Arquivo da editora

Desmatamento e queimadas

Muitas vezes o desmatamento acontece em áreas protegidas, o que é contra a lei. Alguns dos principais impactos causados pelo desmatamento são:

- a destruição de ambientes, o que pode causar prejuízos ao solo, aos rios, aos animais e às plantas;

- a morte de animais e plantas, o que pode causar a extinção de alguns desses seres vivos;

- o impacto nas comunidades que vivem próximo às florestas e tiram delas os recursos naturais necessários para sua sobrevivência.

● Área da Floresta Amazônica desmatada para pasto de gado em Tucumã, Pará, 2016.

Mas nem todo desmatamento é contra a lei. O desmatamento é permitido, em certa quantidade, em áreas que não sejam protegidas e com autorização dos órgãos ambientais.

Chamamos de reflorestamento a ação de plantar nova vegetação em uma área que teve sua floresta retirada.

● Crianças plantam mudas de árvores em Santarém, Pará, 2017.

Além do desmatamento, as queimadas são uma grande ameaça às florestas brasileiras, causando prejuízos ao solo, ao ar e aos seres vivos.

Há queimadas que acontecem naturalmente, enquanto outras são causadas por ações do ser humano. Sobre isso, leia o texto a seguir.

No Cerrado, queimadas decorrentes de circunstâncias naturais, como combustões espontâneas e raios, promovem uma dinâmica característica do bioma [...]. Mas a ação pirotécnica malconduzida pelo ser humano provoca estragos nos biomas brasileiros e os altera profundamente.

ação pirotécnica: ato de atear fogo.

Atear fogo para "limpar" a vegetação da área antes de começar qualquer atividade rural, por exemplo, é uma prática enraizada na cultura brasileira e responsável por inúmeros casos de incêndios florestais no Cerrado e na Amazônia. Entre as maiores vítimas, além da vegetação, estão os pequenos mamíferos, os anfíbios, os répteis e algumas aves que não conseguem escapar do fogo [...].

Victor Moriyama. Chapada dos Veadeiros – antes e depois do maior incêndio de sua história. **National Geographic**, abr. 2018. Disponível em: <https://www.nationalgeographicbrasil.com/meio-ambiente/2018/04/parque-nacional-chapada-dos-veadeiros-incendio-florestal-cerrado>. Acesso em: 4 jan. 2019.

● Em 2017, um grande incêndio destruiu parte do Parque Nacional da Chapada dos Veadeiros, em Goiás.

Assim como o desmatamento, o uso do fogo em áreas de vegetação só é permitido em algumas situações e com a autorização dos órgãos ambientais.

Atividades

1 A reciclagem ajuda a evitar a poluição do solo. Quais dos objetos representados nas figuras abaixo podem ser reciclados? Contorne-os.

heromen30/Shutterstock

Panacea Doll/Shutterstock

Elementos não proporcionais entre si.

f-f-f/Shutterstock

yamix/Shutterstock

Skylines/Shutterstock

2 Se não dermos o destino correto ao lixo, os materiais nele depositados podem demorar muito tempo para se decompor. Por isso a reciclagem é tão importante. Para ampliar seus conhecimentos, pesquise e responda quanto tempo demora (em meses e anos) para que os materiais na página a seguir se decomponham naturalmente, sem que passem por nenhum tratamento.

decompor: desfazer-se.

Alumínio	Vidro	Papel
Jiri Vaclavek/Shutterstock	TigerForce/Shutterstock	vipman/Shutterstock

3 As florestas e matas do Brasil estão diminuindo ano após ano por causa de desmatamento e queimadas. Com isso, os animais perdem seus locais de moradia e alimentação.

• Observe a imagem abaixo. Se os animais pudessem falar, o que você acha que eles diriam ao ser humano?

Ilustra Cartoon/Arquivo da editora

....

....

....

4 Converse com os colegas e o professor sobre como o desmatamento e as queimadas prejudicam as plantas e os animais que vivem nas florestas.

VOCÊ EM AÇÃO

Cesto de papel

Muitos materiais que jogamos no lixo, como papel, vidro, plástico e metal, podem ser reciclados, isto é, usados para a fabricação de novos produtos. Já os restos de alimentos, que muitas vezes jogamos no lixo, podem ser transformados em adubo.

Observe.

Ilustrações: Ilustra Cartoon/Arquivo da editora

Assim como a reciclagem, o reaproveitamento também é uma atitude importante e sustentável. Quando reaproveitamos um objeto, damos a ele uma nova função e evitamos que ele vá para o lixo.

sustentável: que pode ser realizado sem que haja prejuízo (risco) ao ambiente.

48

Agora, vamos reaproveitar algumas coisas que iriam para o lixo?

Você vai precisar de:

- 1 (uma) bacia sem reentrâncias e curvas
- cola branca
- jornal
- papel de embrulho
- pincéis
- vaselina
- tinta acrílica branca
- tinta acrílica em diferentes cores

Como fazer

1 Peça a um adulto que passe vaselina na parte interna da bacia.

2 Com as mãos, pique o jornal em tiras.

3 Utilizando um pincel, espalhe a cola líquida no interior da bacia e cole as tiras de jornal. Repita esse processo até completar sete camadas de papel.

> **Atenção**: faça com a ajuda de um adulto.

4 Por último, cole tiras do papel de embrulho para dar o acabamento.

5 Aguarde secar completamente e retire o cesto de papel, girando e puxando cuidadosamente.

6 Pinte o cesto com a tinta acrílica branca e aguarde secar.

7 Utilize as tintas coloridas para decorar o cesto.

Ilustrações: Ilustra Cartoon/Arquivo da editora

OS VEGETAIS

Bruna de Assis Brasil/Arquivo da editora

Entre nesta roda

- Como são as plantas da imagem? São todas iguais?

- Há muitos animais na imagem? Por que você acha que eles vivem neste ambiente?

Nesta unidade vamos estudar...

- Diferentes tipos de planta

- Vegetais e o ambiente

- Partes da planta

- Nascimento e crescimento dos vegetais

- Respiração e alimentação dos vegetais

- Importância dos vegetais em nossa vida

5 TIPOS DE PLANTA

As plantas, também chamadas de vegetais, são seres vivos. Existem plantas muito diferentes umas das outras. Veja alguns exemplos.

Coqueiros.

Plantação de melancia.

Plantação de café.

Jequitibá-rosa.

Que diferenças você observa entre as plantas acima?

Atividades

1 Podemos dividir as plantas em três grupos, de acordo com o tamanho: altas, médias e rasteiras.

Observe as imagens a seguir.

● Capim.

● Azaleia.

● Grama.

● Castanheira-do-pará.

Complete as frases classificando as plantas em altas, médias ou rasteiras.

a) As plantas ...., como o capim e a grama, são pequenas e crescem próximo ao chão.

b) Algumas árvores ...., como a castanheira-do--pará, podem atingir a altura de um prédio de mais de 15 andares.

c) Os arbustos como a azaleia são plantas ....

2 Você consegue diferenciar as plantas pelo tamanho? Para isso, vá ao **Caderno de criatividade e alegria** e faça a atividade **7** da página **10**.

6 OS VEGETAIS E OS AMBIENTES EM QUE VIVEM

Os vegetais vivem em diferentes ambientes: na terra, sobre a água, embaixo da água, em lugares muito secos, em lugares muito úmidos, em regiões quentes e em regiões frias.

As plantas que vivem na terra são chamadas terrestres; as que vivem na água são chamadas aquáticas.

● Cacto xiquexique, vegetação típica da Caatinga.

● Vegetação típica de regiões frias.

● A vegetação da Mata Atlântica é bastante diversa.

● A vitória-régia é uma planta aquática.

Você conhece a planta ao lado? É uma orquídea. Observe como ela está apoiada sobre outra planta. As orquídeas vivem assim e não prejudicam as árvores que lhes servem de suporte.

Há outras plantas, como as bromélias, que também vivem assim.

Orquídeas.

As plantas da imagem abaixo são musgos. Eles são encontrados em lugares úmidos e com sombra.

Musgos.

Em lugares muito quentes e secos, como os desertos, crescem plantas como os cactos. Essas plantas armazenam água em seu caule. Já em lugares frios, até mesmo com ocorrência de neve, existem os pinheiros.

Mandacaru.

Pinheiros-do-paraná.

Atividades

1 Observe as fotos das plantas. Em seguida, ligue-as ao ambiente em que vivem.

Oleg Znamenskiy/Shutterstock

● Vitórias-régias.

Denis Vrublevski/Shutterstock

● Campo.

Ozerov Alexander/Shutterstock

● Coqueiros.

vitormarigo/Shutterstock

● Praia.

Anna_Andrei/Shutterstock

● Girassóis.

Ronald Sumners/Shutterstock

● Rio.

2 Leia o texto e, em seguida, responda às questões.

[...]

A preservação das florestas nas ou próximas às cidades é importante, pois garante um ambiente mais úmido e saudável, com maior quantidade de água nos solos, além de plantas e animais. Além disso, a floresta ajuda a preservar as margens dos rios ao absorver a água que vem de partes mais altas e que poderia arrastar o solo para dentro dos rios, formando bancos de terra e areia, fenômeno conhecido como assoreamento, que pode levar à seca total do curso d'água. Na natureza, água e floresta jamais podem se separar.

[...]

SOS MATA ATLÂNTICA. **Aqui tem mata?**. p. 13. Disponível em: <https://www.sosma.org.br/wp-content/uploads/2016/06/SOSMA_Aqui-Tem-Mata_Web.pdf>. Acesso em: 8 jan. 2019.

Denis Vrublevski/Shutterstock

● No Rio de Janeiro, a urbanização da cidade divide espaço com o Parque Nacional da Tijuca, ao fundo. Fotografia de 2017.

a) Considerando as informações do texto, responda: Quais benefícios você imagina que a floresta traz para a cidade representada na imagem?

....

....

b) Por que o texto diz que água e floresta jamais podem se separar? Comente com o professor e os colegas.

3 Você consegue identificar uma árvore observando apenas a sombra dela? Faça isso na atividade **8** da página **11** do **Caderno de criatividade e alegria**.

DE QUE PRECISAM AS PLANTAS

As plantas nascem, crescem, se alimentam, têm capacidade para se reproduzir e morrem, como todos os seres vivos. E, assim como os animais, precisam do solo, da água, do ar e da luz do Sol para viver.

Da mesma forma que os seres humanos são diferentes uns dos outros, as plantas também são diferentes entre si.

Evgeny Karandaev/Shutterstock

6 centímetros

● Lírios.

Anyaivanova/Shutterstock

35 centímetros

● Babosa ou aloé.

apiguide/Shutterstock

4 metros

● Laranjeiras com frutos.

Elementos não proporcionais entre si.

amenic181/Shutterstock

● Assim como os seres humanos, as plantas também precisam de elementos naturais para sobreviver.

Todos os seres vivos precisam se alimentar. Os animais retiram seu alimento do ambiente e podem se alimentar de vegetais, de outros animais, ou dos dois.

Uma diferença muito importante entre vegetais e animais é que os vegetais produzem seu próprio alimento.

● A palmeira produz seu alimento a partir da luz do Sol.

● A arara-azul-grande se alimenta das sementes da palmeira.

Elementos não proporcionais entre si.

Saiba mais

Plantas famintas

Com apenas água, um vegetal é capaz de produzir seu próprio alimento. Isso é verdade para quase todos, mas algumas [...] também precisam comer carne. Estamos falando das incríveis plantas carnívoras.

Toda planta carnívora é capaz de atrair, prender e digerir vida animal. Mas não se assuste, não há risco de você virar jantar de plantas. Apenas animais pequenos – tais como insetos, aranhas ou pássaros miúdos – correm este risco.

● A dioneia é uma planta carnívora que captura e se alimenta de pequenos animais.

Plantas famintas, de B. Delecave. **Fundação Oswaldo Cruz**. Disponível em: <http://www.invivo.fiocruz.br/cgi/cgilua.exe/sys/start.htm?infoid=1139&sid=2>. Acesso em: 18 dez. 2018.

Atividades

1 Desenhe uma planta que você conhece. Depois, complete os dados dessa planta na ficha.

Nome da planta: ....

Onde vive: ....

Características: ....

....

2 Assinale no quadro-resumo as características dos animais e dos vegetais.

	Animais	Vegetais
Nascem		
Crescem		
Podem se reproduzir		
Produzem seu próprio alimento		
Morrem		

3 A ilustração mostra algumas pessoas passeando no parque.

Ilustra Cartoon/Arquivo da editora

NÃO ARRANQUE AS FLORES.

a) Você conhece um lugar parecido com esse? Onde fica?

....

....

b) Você conhece alguma planta parecida com as mostradas na imagem? Qual?

....

....

c) Na imagem acima, o menino está prestes a colher algumas flores do parque. Há uma placa informando da proibição dessa atitude. O que você faria se estivesse nesse lugar e visse essa cena? O que você diria para o menino? Dê a sua opinião e ouça a dos colegas.

....

....

4 Você já pensou por que o girassol tem esse nome? Vá ao **Caderno de criatividade e alegria**, faça a atividade **9** da página **11** e descubra.

8

PARTES DE UM VEGETAL

A maioria das plantas que conhecemos tem: raiz, caule, folhas, flores, frutos e sementes. Cada uma dessas partes desempenha uma função.

As **flores** são os órgãos reprodutores das plantas que têm sementes. É das flores que se formam os frutos.

As **folhas** possuem clorofila, uma substância verde importante para a fabricação do alimento. Alguns caules verdes também realizam essa atividade.

Os **frutos** abrigam as sementes.

As **sementes**, quando germinam, dão origem a uma nova planta.

O **caule** sustenta as folhas, as flores e os frutos. Ele conduz a água e os nutrientes da raiz para as folhas e o alimento produzido nas folhas para as outras partes da planta.

A **raiz** retira do ambiente a água e os nutrientes de que a planta precisa para viver. A raiz das plantas terrestres também serve para fixá-las no solo ou em outro suporte.

José Rodrigues/Arquivo da editora

Nem todos os vegetais têm todas essas partes. Plantas como a samambaia e a avenca não têm flores nem frutos.

● Samambaia.

● Avenca.

Além de não terem flores e frutos, os musgos também não têm raiz, caule e folhas, mas produzem seu alimento e respiram como as outras plantas.

Elementos não proporcionais entre si.

● Os musgos são plantas pequenas e habitam ambientes úmidos.

Saiba mais

Investigando a alimentação

Nossa alimentação inclui uma grande variedade de frutos, como a laranja, o caju e o tomate. Mas existem muitos outros frutos que não são adequados para o nosso consumo, seja porque não são saborosos, seja porque são venenosos. Portanto, não coma frutos sem antes saber de que tipo eles são!

● A laranja-de-osage, fruto do pau-d'arco, é um exemplo de fruto não comestível.

Atividades

1 Pinte a árvore de acordo com a legenda.

Fruto
Flor
Folha
Caule
Raiz

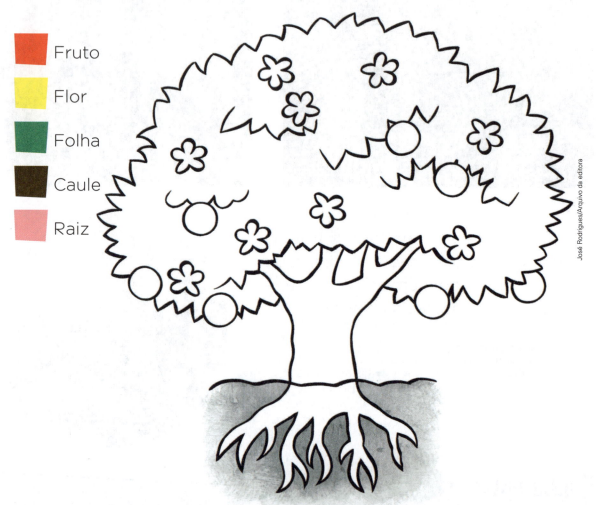

2 Leia as frases e complete-as com nomes de flores, árvores ou frutas.

a) Levei para casa algumas flores: azaleia, ... e

....

b) Plantei no meu jardim algumas árvores: limoeiro,

.... e ....

c) Comprei algumas frutas: banana, ... e

....

3 Desenhe no espaço abaixo uma flor que você conhece. Escreva o nome dela.

4 Cenoura, beterraba e mandioca são exemplos de raízes que fazem parte da nossa alimentação.

Você conhece outras raízes usadas na nossa alimentação? Quais? Desenhe-as e escreva os seus nomes.

5 As folhas como a alface, o espinafre e a couve também estão muito presentes na alimentação das pessoas.

Você consome folhas em sua alimentação diária? Quais? Desenhe-as e escreva os seus nomes.

6 Vamos montar um girassol? Para isso, faça a atividade **11** da página **13** do **Caderno de criatividade e alegria**.

9

COMO NASCEM E CRESCEM OS VEGETAIS

Você já parou para pensar em como as plantas nascem e se reproduzem nos ambientes naturais sem que ninguém as tenha plantado?

Uma das formas é através das sementes. O vento e a água dos rios e das chuvas podem transportar sementes para locais distantes da planta de origem.

● A água da chuva pode transportar as sementes para longe da planta de origem.

Há sementes que têm estruturas que permitem a elas "grudar" nos animais e até mesmo em nossas roupas, fazendo com que sejam carregadas para outros lugares. Esse tipo de semente é popularmente chamado de carrapicho.

Algumas sementes são transportadas dentro do corpo dos animais, que, ao se alimentarem, ingerem também as sementes dos frutos. Através das fezes, essas sementes são depositadas em um novo lugar.

● Carrapicho.

55 centímetros

● Cutia comendo fruto.

A formação de uma nova planta geralmente ocorre a partir de uma semente, em um processo chamado germinação.

Grande parte dos vegetais produz novos seres, semelhantes a si, por meio de sementes. A semente é a única parte do fruto que pode dar origem a outra planta.

As sementes podem ter várias formas. Há sementes pequenas e sementes grandes. Alguns frutos têm muitas sementes, outros têm só uma.

● Abacate.

Elementos não proporcionais entre si.

● Melancia.

EM Arts/Shutterstock

Cloud7Days/Shutterstock

Cesar Diniz/Pulsar Imagens

Fabio Colombini/Acervo do fotógrafo

● Abóbora.

● Manga.

Para se desenvolver e germinar, a semente precisa de condições apropriadas: terra rica em nutrientes, água, luz do Sol e ar.

Observe o crescimento de uma plantinha de feijão.

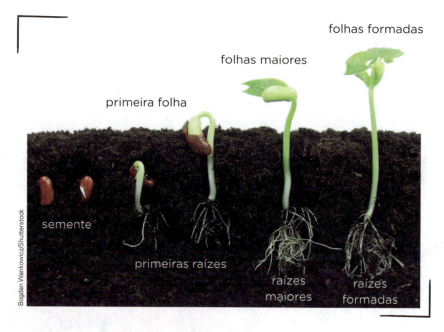

Existem vegetais que podem se desenvolver também a partir de mudas.

Uma planta que está no começo de seu crescimento é chamada de muda. Há vários vegetais que podem formar sua muda a partir de uma folha, de um pedaço de galho ou da raiz de uma planta já crescida.

Quando pegamos um galho de roseira, por exemplo, e o colocamos na terra, pode nascer uma nova roseira. Veja:

Atividades

1 Complete a frase.

A maioria dos vegetais nasce de .... Existem alguns que podem, também, desenvolver-se a partir de ....

2 Pinte a parte dos frutos que tem a função de dar origem a uma nova planta. Em seguida, escreva o nome dos frutos.

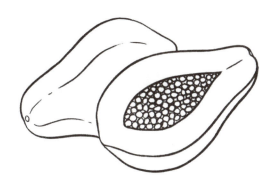

José Rodrigues/Arquivo da editora

....

....

3 Marque um **X** nas condições necessárias para que uma muda cresça e se torne uma bela planta.

☐ solo

☐ luz

☐ vitaminas

☐ fumaça

☐ ar

☐ água

☐ sais minerais

☐ sombra

4 Quais são as etapas de desenvolvimento de uma planta? Responda fazendo a atividade **10** da página **12** do **Caderno de criatividade e alegria**.

EXPLORE A
PÁGINA +
E DIVIRTA-SE!

Reprodução dos vegetais a partir de uma folha

Alguns vegetais conseguem se reproduzir a partir de uma única folha. Nesta atividade você e seus colegas vão cultivar violetas a partir de folhas.

Você vai precisar de:

Elementos não proporcionais entre si.

Ilustra Cartoon/Arquivo da editora

- 1 (uma) folha de violeta (com cabinho)

- 1 (um) par de luvas descartáveis

- 1 (um) pedaço de filme plástico (PVC)

- 1 (um) pote plástico com tampa; por exemplo, uma embalagem de margarina

- terra para jardim

- água

Atenção: faça com a ajuda de um adulto.

Como fazer

1 Coloque água no pote e cubra-o com o plástico.

2 Faça um furo no plástico e coloque o cabinho da folha no buraco, de modo que a ponta dele fique dentro da água.

Ilustra Cartoon/Arquivo da editora

3 Observe diariamente e espere até que as raízes brotem. Então, retire o filme plástico e a água do pote.

4 Peça a um adulto que faça três furos no fundo do pote e, em seguida, utilizando as luvas, coloque a terra. Use a tampa como suporte; ela será o pratinho do pote que fará função de vaso.

5 Umedeça a terra sem encharcá-la. Plante a folha de violeta, cobrindo apenas as raízes com a terra.

6 Coloque o pote em um lugar arejado e bem iluminado, mas protegido do Sol. Umedeça a terra uma vez por semana com um pouco de água.

Ilustrações: Ilustra Cartoon/Arquivo da editora

10 OS VEGETAIS TAMBÉM RESPIRAM

Você sabia que, assim como nós, os vegetais também respiram?

Os gases são substâncias que, geralmente, não são visíveis. E o ar é uma mistura de gases. Dessa mistura fazem parte o **gás oxigênio** e o **gás carbônico**.

gás oxigênio: gás indispensável à respiração dos seres vivos.
gás carbônico: gás indispensável para os vegetais fabricarem seu alimento.

gás oxigênio

gás carbônico

Hiroe Sasaki/Arquivo da editora

Para respirar, os vegetais retiram o gás oxigênio do ar e liberam o gás carbônico.

Assim como nos seres humanos, a respiração é fundamental para a sobrevivência dos vegetais e ocorre durante todo o tempo, sem parar.

Saiba mais

Por que respiramos?

Todos os animais e vegetais respiram. Precisamos respirar porque o gás oxigênio é necessário para liberar a energia dos alimentos que comemos.

Atividades

1 Observe a planta abaixo e escreva ao lado de cada seta o nome do gás que está sendo transportado durante a respiração.

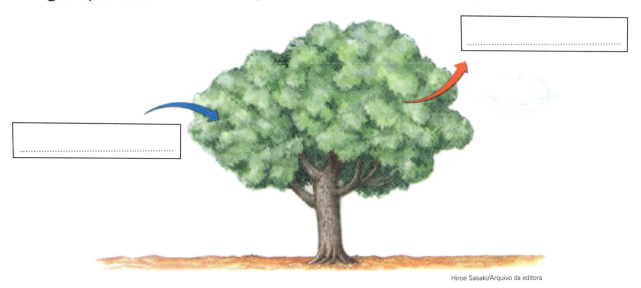

....

....

Hiroe Sasaki/Arquivo da editora

2 Complete as frases a seguir com as palavras do quadro.

tempo	seres vivos	gás oxigênio
gás carbônico	plantas	respiração

a) A .... é fundamental para a sobrevivência

de todos os ...., inclusive para as

....

b) Assim como nós, as plantas respiram o ....
todo.

c) Na respiração, as plantas absorvem .... e

liberam ....

3 Qual é a função da respiração para as plantas e os animais?

....

11 COMO OS VEGETAIS SE ALIMENTAM

Você já sabe que os vegetais respiram e que fabricam seu próprio alimento.

Para produzir alimentos, as plantas precisam de: água, clorofila, luz e gás carbônico.

A raiz retira a água do solo. A luz do Sol é absorvida pela clorofila, uma substância verde presente, principalmente, nas folhas. E o gás carbônico vem do ar.

Durante o processo de fabricação de alimento, ocorre a produção de gás oxigênio, que é eliminado para o ambiente.

Diferentemente da respiração, que ocorre o tempo todo, o processo de produção de alimento acontece somente na presença de luz.

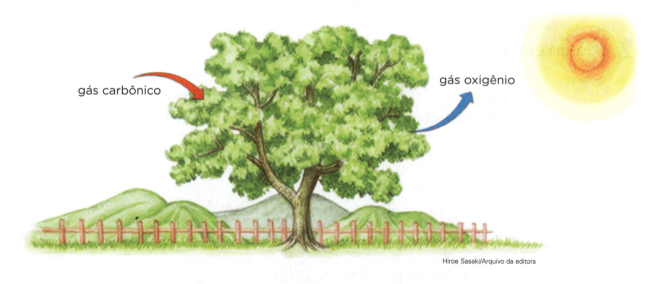

gás carbônico

gás oxigênio

Hiroe Sasaki/Arquivo da editora

Saiba mais

Apesar de todas as plantas precisarem de luz, cada uma tem necessidades específicas. Algumas plantas gostam de muita luz, enquanto outras crescem melhor em ambientes com pouca luminosidade.

Atividade

- Complete a cruzadinha com as respostas das adivinhas.

1. Ser vivo que fabrica seu próprio alimento na presença de luz.

2. Substância que dá a cor verde às folhas e absorve a luz do Sol.

3. A clorofila é importante para fabricar o ✳✳✳✳✳✳✳✳ dos vegetais.

4. Gás retirado do ar que é importante na produção de alimentos pelo vegetal.

5. Gás utilizado na respiração de animais e vegetais.

6. De onde a raiz retira a água de que a planta terrestre precisa.

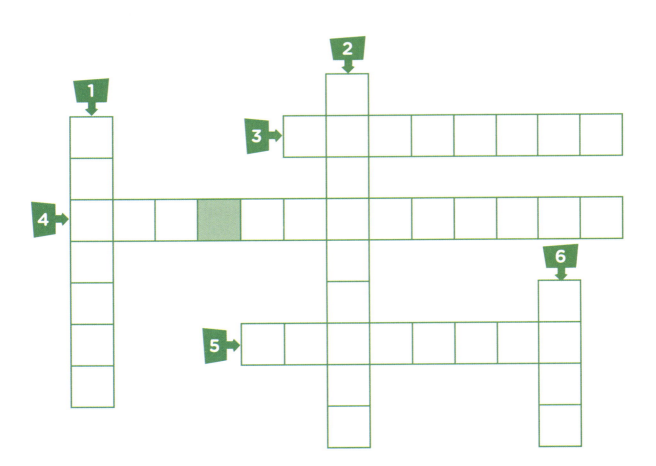

As plantas e a luz solar

Você já sabe que as plantas precisam de luz solar para produzir seu alimento. Mas você sabia que elas são capazes de buscar a luz?

Você vai precisar de:

- 1 (uma) caixa de sapatos com tampa
- 1 (um) par de luvas plásticas
- 1 (um) pote pequeno de plástico
- água
- grãos de feijão
- terra
- tesoura com pontas arredondadas

Como fazer

1 Peçam a ajuda de um adulto e façam uma abertura na lateral da caixa de sapatos, conforme indica a figura.

> **Atenção:** faça com a ajuda de um adulto.

2 Utilizando as luvas, encham o pote com terra e plantem nele cinco sementes. Em seguida, molhem a terra, mas sem encharcar.

3 Coloquem o pote dentro da caixa, no lado oposto ao da abertura, e tampem. A caixa deve ser mantida em um local com luz solar.

4 Anote no espaço da página seguinte a data da montagem e escreva o que você acha que vai acontecer.

5 Lembrem-se de umedecer a terra com frequência.

Ilustrações: Ilustra Cartoon/Arquivo da editora

Data da montagem e o que eu acho que vai acontecer.

....
....
....
....
....

Registro

1 Anote na tabela o que aconteceu.

	O que aconteceu
após 1 semana	
após 2 semanas	
após 3 semanas	

2 Nesse experimento ocorreu o que você havia previsto?

☐ sim   ☐ não

A IMPORTÂNCIA DOS VEGETAIS EM NOSSA VIDA

Os vegetais são muito importantes para o ambiente e para os seres vivos. Sem eles, o ser humano e os outros animais não conseguiriam sobreviver.

José Rodrigues/Arquivo da editora

Ao produzirem seu alimento, os vegetais liberam gás oxigênio no ambiente.

Nós e os outros animais utilizamos esse gás oxigênio em nossa respiração.

As plantas também servem de abrigo para os animais, além de fornecer alimentos a estes e outros seres vivos e proteger o solo do desgaste causado pela chuva e pelo vento.

Utilizamos os vegetais na produção de diferentes produtos. Veja:

- na produção de chás e medicamentos;

● Chá de camomila.

● Xarope de agrião.

- na construção de casas e na fabricação de móveis e outros objetos;

● Móveis de pinho e peroba.

- na produção de roupas, acessórios e cosméticos;

● Roupa de algodão.

● Óleo de amêndoas.

Ilustrações: José Rodrigues/Arquivo da editora

Atividades

1 Organize os vegetais, ou parte dos vegetais, relacionados abaixo de acordo com a utilização que fazemos deles e as categorias da tabela.

> **linho   pinho   banana   uva   café   camomila**
> **cerejeira   juta   agrião   peroba   algodão   erva-cidreira**

Alimentação	Alimentação e fabricação de medicamentos	Fabricação de tecidos	Construção de casas e móveis

2 Leia o texto a seguir e reúna-se com dois ou mais colegas para escolher um dos animais citados no texto e fazer uma pesquisa sobre os hábitos dele e o ambiente em que ele vive. Depois, respondam às perguntas com as informações que vocês pesquisaram.

As árvores e os animais

Alguns animais fazem sua morada debaixo das árvores, como o veado, caititu, anta, queixada, cutiara, rato, jabuti, paca. Eles procuram as sombras para se abrigar do sol, comem as frutas que caem no chão e deitam-se sobre as folhas secas.

As frutas do buriti alimentam as antas, os veados e jabutis. [...] A castanha-de-cutia alimenta as cutias, cutiaras, veados, jabutis e pacas.

Certas aves, como mutum, jacamim, inambu e saracura, também vivem debaixo das árvores e usam as folhas secas para fazer seus ninhos.

O livro das árvores, de Jussara Gomes Gruber (Org.).
Organização Geral dos Professores Ticuna Bilíngues. São Paulo: Global, 2006. p. 53.

a) Qual animal seu grupo escolheu?

....

....

b) Ele vive em que tipo de ambiente?

....

....

c) Quais alimentos fazem parte da alimentação dele?

....

....

d) Comente com os outros grupos por que as plantas são importantes na vida desse animal.

3 Anote no espaço a seguir o nome dos vegetais que você consumir ao longo de um dia. Depois, compartilhe suas anotações com os colegas e conversem sobre quais vegetais vocês mais gostam de comer.

....

....

....

....

....

....

....

....

Reflorestamento de áreas degradadas

O Brasil tem florestas que são valorizadas pelo mundo todo. Entre elas está a Floresta Amazônica, que abriga animais e plantas que só existem ali.

Dave WATTS/Gamma-Rapho/Getty Images

Nature/Fotoarena

Xinhua News Agency/Agência France-Presse

● Rã-kambo.

● Jandaia-amarela.

● Cuxiú-preto.

A Floresta Amazônica brasileira vem sendo desmatada há anos e por diferentes motivos. Atualmente o desmatamento ocorre, principalmente, para o aumento da área destinada à agricultura e à pecuária e para a retirada de madeira.

● Área devastada em Alto Alegre, Roraima, 2019.

Andre Dib/Pulsar Imagens

Converse com os colegas e o professor e responda:

- Quando árvores e outras plantas são retiradas de uma área, o que acontece com os animais que vivem na região?

Você sabe o que é reflorestamento?

Reflorestamento é quando novas árvores são plantadas em áreas em que a vegetação foi retirada. Essa técnica é utilizada para recuperar esses ambientes que foram desmatados e oferece condições para que os animais voltem a viver neles.

Leia a história em quadrinhos a seguir.

Fonte: Tira Turma da Mônica n. 8 297, publicada no Expediente da revista **Saiba Mais** n. 12, Editora Panini.

Depois de ler a HQ acima, converse com seus colegas e responda às questões a seguir.

1 Por que a Magali plantou a árvore?

....

....

....

2 Como plantar árvores pode ajudar o planeta? Explique sua resposta.

....

....

....

....

....

....

Plantando batatas

Você já sabe que grande parte das plantas se reproduz por meio de sementes. E que também existem algumas delas que se desenvolvem a partir de mudas.

Ilustrações: Ilustra Cartoon/Arquivo da editora

● Cecília escolheu plantar uma muda, enquanto Érico optou por plantar sementes.

Agora, vamos descobrir como fazer uma muda de batata brotar em uma garrafa PET.

Você vai precisar de:

- 1 (uma) batata

- 1 (uma) garrafa PET de dois litros (como as de refrigerante)

- 1 (uma) tesoura com pontas arredondadas

- 3 (três) palitos de churrasco

- um pouco de água

Elementos não proporcionais entre si.

Como fazer

1 Com a ajuda de um adulto, corte a garrafa ao meio e separe a parte de baixo para usar.

Ilustrações: Ilustra Cartoon/Arquivo da editora

Atenção: faça com a ajuda de um adulto.

2 Peça a um adulto que fixe os três palitos na batata, colocando-os a uma distância semelhante uns dos outros.

3 Coloque água na parte de baixo da garrafa e apoie os palitos em suas extremidades de forma que uma parte da batata encoste na água.

4 Mantenha a garrafa com a batata em um local com bastante luminosidade.

Observação e conclusão

A cada dois dias, observe e registre o que acontece com a batata.

Após 15 dias, registre no caderno o resultado do experimento e responda:

- Surgiram folhas e raízes?

- Compare com as batatas dos seus amigos. Há alguma diferença entre elas?

Bruna Assis Brasil/Arquivo da editora

Entre nesta roda

- Você já viu os animais representados nesta cena? Onde? Conte aos colegas.

- Os animais são seres vivos. Você sabe explicar por quê?

- Para sobreviver, os animais precisam de alimento, de água e de ar. No ambiente em que estão os animais representados na cena, eles encontram esses recursos?

Nesta unidade vamos estudar...

- Animais e *habitat*
- Animais domesticados e animais silvestres
- Nascimento dos animais
- Alimentação dos animais
- Locomoção dos animais
- Características do corpo dos animais
- Importância dos animais

13 OS ANIMAIS E OS AMBIENTES EM QUE VIVEM

Nos diferentes ambientes do planeta Terra, existe uma grande variedade de animais.

Há animais, como o tatu-galinha e o lobo-guará, que nascem, crescem e se reproduzem em ambiente terrestre.

Há animais, como o camarão e o peixe-anjo, que nascem, crescem e se reproduzem em ambiente aquático.

E há também alguns animais que nascem na água, mas vivem em ambiente terrestre, e animais que nascem em ambiente terrestre e passam o restante da vida em ambiente aquático. Veja dois exemplos.

- As rãs nascem e vivem durante algum tempo na água. Depois, passam a viver em ambiente terrestre úmido. Na época da reprodução, voltam à água para pôr seus ovos.

- Já as tartarugas marinhas vivem na água, mas põem seus ovos na areia da praia. Os filhotes vão para a água logo depois de nascer.

Tatu-galinha.

Lobo-guará.

Camarão.

Rã e seus ovos na água.

Peixe-anjo.

Filhotes de tartaruga marinha a caminho do mar.

Atividades

1 Desenhe um animal conforme a descrição de cada quadro. Escreva também o nome do animal desenhado.

Anda, tem quatro pernas e vive na terra.	Nada, não tem pernas, nasce, cresce e vive sempre na água.
....	....
....	....
....	....
....	....
....	....

Ilustrações: Osni de Oliveira/Arquivo da editora

2 Será que você encontra o nome de diferentes animais em um diagrama? Descubra na atividade **12**, da página **15**, do **Caderno de criatividade e alegria**. Em seguida, na atividade **13** da página **16**, complete o quadro com os nomes dos animais que você encontrou no diagrama.

Observando insetos

Nesta atividade vamos descobrir alguns insetos com asas.

Você vai precisar de:

- celular com câmera (opcional)

- lupa (opcional)

- lápis e borracha

- lápis de cor ou giz de cera colorido

Como fazer

Passeie pelo pátio da escola e procure um inseto que tenha asas. Se tiver uma lupa, use-a para observar melhor o animal.

Observação e registro

Atenção: Não toque no animal.

1 Se possível, tire uma foto do inseto.

2 Na página seguinte, desenhe o animal e o local onde você o encontrou. No local indicado, escreva o nome desse animal.

3 Complete seu registro sobre o animal informando onde você o encontrou.

Encontrei esse animal:

☐ em flores.

☐ em pedras.

☐ em folhas.

☐ na terra.

☐ em outros lugares: ....

Número de pernas do animal: ....

Desenho do animal

Nome do animal: ....

 4 Compare seu registro com o de seus colegas. Conversem para descobrir o que os animais encontrados têm em comum.

14 O *HABITAT* DOS ANIMAIS

Chamamos de **habitat** o ambiente natural em que um animal ou planta vive. O *habitat* do tubarão é o mar, e o *habitat* da onça é a floresta.

Onça-pintada.

Formigas.

Tubarão-touro.

Em seu *habitat*, os animais encontram o alimento de que precisam e o local adequado para se reproduzir e criar seus filhotes. Há animais que constroem ninhos e abrigos em seus *habitat*.

Quando um *habitat* é destruído, diversos animais são prejudicados, pois podem não conseguir se alimentar nem se reproduzir em ambientes diferentes.

Veja nas fotografias a seguir que o ser humano pode viver em quase todos os *habitat* terrestres, pois tem capacidade de criar as condições de que necessita para sobreviver.

● Campo.

● Cidade.

● Região gelada.

● Beira de rio.

Elementos não proporcionais entre si.

Saiba mais

Extinção de animais provocada pelo ser humano

[...] o surgimento e a extinção de espécies são eventos extremamente lentos, demandando milhares ou mesmo milhões de anos para ocorrer. [...]

Ao longo do tempo, porém, o homem vem acelerando muito a taxa de extinção de espécies, a ponto de ter-se tornado, atualmente, o principal agente do processo de extinção.

Em parte, essa situação deve-se ao mau uso dos recursos naturais [...]. Atualmente, as principais causas de extinção são a degradação e a fragmentação de ambientes naturais, resultado da abertura de grandes áreas para a implantação de pastagens ou agricultura [...], expansão urbana [...], poluição, incêndios florestais [...].

MINISTÉRIO DO MEIO AMBIENTE. Homem é principal agente no processo de extinção de espécies. **EBC**. Disponível em: <http://www.ebc.com.br/infantil/voce-sabia/2015/03/homem-e-principal-agente-no-processo-de-extincao-de-animais>. Acesso em: 9 jan. 2019.

Os fatores citados no texto, relacionados ao mau uso dos recursos naturais, reduzem os *habitat* disponíveis, o que pode causar a extinção de animais e plantas que vivem nesses ambientes.

Atividades

1 Observe os ambientes das fotos e, utilizando as palavras do quadro, indique nas linhas de resposta onde vive cada animal. Lembre-se de que alguns deles podem viver em mais de um tipo de ambiente.

> cidade   floresta   mar   praia   rio

● Polvo.

....

● Serpente.

....

● Borboleta.

....

● Tartaruga.

....

● Peixe.

....

● Cachorro.

....

2 Leia a história em quadrinhos a seguir. O que você acha que o pássaro procura?

Ilustrações: Ilustra Cartoon/Arquivo da editora

Converse com os colegas e responda: Por que o pássaro que aparece na história voa, junto com outros pássaros, em direção à árvore no último quadrinho?

3 Muitos animais brasileiros estão ameaçados de extinção porque perderam seu *habitat*. Faça a atividade **14**, da página **17**, do **Caderno de criatividade e alegria** e conheça as características de alguns desses animais.

O TEMA É...

Animais em risco

O Brasil é um dos países mais ricos em **biodiversidade**. Porém, as ações do ser humano têm colocado diversos seres vivos em risco de extinção. Quando um ser vivo deixa de existir na natureza, dizemos que ele foi **extinto**.

biodiversidade: diversidade de seres vivos.

Observe as imagens a seguir com alguns animais que estão ameaçados de extinção no Brasil.

Marc Henauer/Shutterstock

1,1 metro

● Tartaruga-de-pente.

Fabio Colombini/Acervo do fotógrafo

40 centímetros

● Tatu-bola.

Arthur Grosset/Getty Images

15 centímetros

● Soldadinho-do-araripe.

Fabio Colombini/Acervo do fotógrafo

2,8 metros

● Peixe-boi-da-amazônia.

As ameaças a esses animais estão relacionadas às atividades humanas. Vamos descobrir que ameaças são essas?

- Em grupos, a turma deverá pesquisar informações sobre os animais ameaçados de extinção mostrados nas imagens. Cada grupo ficará responsável por pesquisar um animal e levar as informações organizadas para a sala de aula para serem compartilhadas e discutidas com os colegas.

Palé Zuppani/Pulsar Imagens

● Ariranha.

Fabio Colombini/Acervo do fotógrafo

● Veado-campeiro.

Nature/Fotoarena

● Mico-leão-preto.

15 ANIMAIS DOMESTICADOS E ANIMAIS SILVESTRES

Alguns animais são criados e cuidados pelo ser humano. Eles são chamados **animais domesticados**. Veja alguns exemplos desses animais.

Olesya Kuznetsova/Shutterstock

● Gato e cachorros.

● Cavalo.

pyrozhenka/Shutterstock

Elementos não proporcionais entre si.

● Coelhos.

Snezana Ignjatovic/Shutterstock

Jenoche/Shutterstock

● Galo, galinhas e patos.

Os animais que vivem livres em seu ambiente natural são chamados **animais silvestres**. Veja alguns desses animais.

● Peixes lambari.

● Jiboia.

● Canário-da-terra.

● Capivara.

Muitos animais silvestres são mantidos em zoológicos, longe de seu *habitat*.

Os zoológicos são espaços com fins educacionais. Neles vivem animais silvestres para que as pessoas os conheçam e, assim, possam respeitá-los. Muitos dos animais que vivem em zoológicos estão ameaçados de extinção e, por isso, os zoológicos também têm a função de preservá-los.

Saiba mais

Silvestre não é *pet*!

Muitos animais silvestres estão ameaçados de extinção. Alguns deles por causa da captura e da venda ilegal para serem criados como animais de estimação.

Atualmente existem campanhas de conscientização da população contra esse tipo de atividade.

Atividades

1 Leia a história em quadrinhos a seguir e faça o que se pede.

Fonte: **Garfield em ação**, de Jim Davis, São Paulo: Salamandra, 1984. v. 1.

a) Assinale a alternativa correta: Garfield é um animal domesticado ou silvestre?

☐ Domesticado. ☐ Silvestre.

b) Na história, ele se comporta como um animal domesticado ou silvestre?

☐ Domesticado. ☐ Silvestre.

• Por quê?

....

....

....

....

2 Luana descreveu para os colegas como é o seu animal de estimação. Leia e depois complete as frases com as informações do texto.

Lupo é muito esperto!

Ele tem o pelo bem pretinho. Pula, brinca, corre, faz au-au, joga as orelhas para trás quando quer sair para passear e abana o rabinho quando está feliz. Prefere comer carne. Adora tomar banho, só não gosta muito quando limpam suas orelhas. Mas sempre acaba ficando quietinho.

Lupo é mesmo uma gracinha!

a) O animal de estimação de Luana é um ....

b) Seu alimento preferido é ....

c) Ele gosta de ....

d) Mas não gosta muito de ....

3 Você tem ou conhece alguém que tenha um animal de estimação? Desenhe o animal e escreva o nome dele no espaço abaixo.

Nome do animal: ....

16

COMO NASCEM OS ANIMAIS

Observe as fotos a seguir. Você consegue dizer como nascem estes animais?

Minden Pictures RM/Getty Images

🔹 Orcas.

Santirat Praeknokkaew/Shutterstock

🔹 Pintinhos.

Dependendo de onde ocorre o desenvolvimento, que vai gerar um novo ser, os animais são classificados de diferentes maneiras.

Ovíparos

Animais que nascem de ovos, como as aves e a maioria dos insetos, são chamados **ovíparos**.

Jirapong nontakanan/Shutterstock

🔹 Jabuti depositando seus ovos.

Selma Caparroz Barros/Shutterstock

🔹 Borboleta depositando seus ovos.

Vivíparos

Os animais que se desenvolvem dentro da barriga da fêmea até a hora do nascimento são chamados **vivíparos**.

45 centímetros

● Gata grávida.

60 centímetros

● Preguiça com seu filhote.

Saiba mais ➕

Gestação

Chama-se gestação o tempo em que o filhote se desenvolve dentro do corpo da fêmea.

Conheça o tempo de gestação aproximado de alguns animais.

Elementos não proporcionais entre si.

Cadela: 63 dias.

Golfinho fêmea: 360 dias.

Vaca: 284 dias.

Coelha: 30 dias.

Égua: 330 dias.

Atividades

1 Complete as frases com as palavras do quadro.

| ovíparos | vivíparos | ovos | corpo |

a) As lagartixas são animais ...., que botam ovos de onde nascerão seus filhotes.

b) Os filhotes de elefante se desenvolvem dentro do .... da fêmea.

c) As patas botam ...., então são animais ovíparos.

d) Os filhotes de ratos se desenvolvem dentro do corpo da fêmea, portanto são animais ....

2 Pense em um animal de que você goste e desenhe-o no espaço abaixo.

- Assinale como nasce esse animal.

☐ De ovos. ☐ Do corpo da mãe.

3 Como esses animais nasceram? Descubra e ligue as imagens.

O COMPORTAMENTO DOS ANIMAIS

17

Alguns animais vivem em bandos, outros vivem solitários. Observe.

Vivem em bandos	Macacos-de-cheiro. 30 centímetros — Fabio Colombini/Acervo do fotógrafo	Gaivotas. 60 centímetros — Allexandar/Shutterstock
Vivem solitários	Lobo-guará. 1,3 metro — Christian Musat/Shutterstock	Peixe-beta. 7 centímetros — You Touch Pix of EuToch/Shutterstock

Os animais que vivem em bandos podem colaborar entre si na busca por alimentos, na caça, na proteção do grupo e na criação dos filhotes, por exemplo.

- As leoas caçam suas presas em grupo. Elas ficam em volta do animal que querem predar até capturá-lo.

- As abelhas e as formigas dividem entre elas todo o trabalho que precisam fazer para se alimentar e se reproduzir.

Atividades

1 Escolha um animal, desenhe-o no espaço a seguir e preencha os demais itens da ficha com as características dele.

Nome do animal: ....

Como nasce: ....

O que come: ....

Número de pernas: ....

Como se locomove: ....

Cobertura do corpo: ....

Onde vive: ....

Vive em grupo ou solitário: ....

2 As abelhas têm uma forma muito curiosa de se comunicar entre elas. Saiba mais sobre esse assunto na atividade **16**, da página **27**, do **Caderno de criatividade e alegria**.

18

A COBERTURA DO CORPO DOS ANIMAIS

O corpo dos animais pode ser recoberto de:

Penas	Beija-flor.	Ganso.
Pelos	Onça-pintada.	Leão-marinho.
Escamas	Cobra.	Curimbatá.
Placas duras	Jabuti.	Tatu-bola.
Conchas ou carapaças	Caramujo.	Ostra.

Atividades

1 Na página ao lado você viu as fotografias da onça-pintada e do leão-marinho. Cite outros animais que têm a mesma cobertura do corpo deles.

....

....

....

2 Estes animais estão sem cobertura no corpo! Desenhe o tipo de cobertura mais adequado para cada animal. Embaixo, escreva o nome do tipo de cobertura corporal que você desenhou.

Elementos não proporcionais entre si.

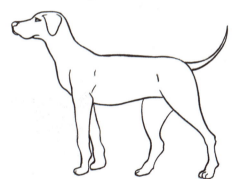

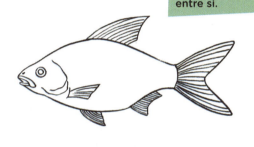

Ilustrações: Osni de Oliveira/Arquivo da editora

....

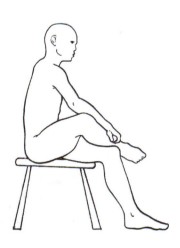

....

COMO OS ANIMAIS SE LOCOMOVEM

19

Os animais se locomovem de um lugar para outro de várias maneiras. Observe as fotos e leia as informações abaixo.

10 centímetros

● A rã salta e caminha.

Mriya Wildlife/Shutterstock

12 centímetros

● O caranguejo caminha e também é capaz de nadar. Uma curiosidade sobre esse animal é que ele caminha de lado.

GUDKOV ANDREY/Shutterstock

60 centímetros

● A gaivota usa suas asas para voar.

Yui/Shutterstock

70 centímetros

● A raia se locomove flutuando no fundo dos oceanos.

Kristina Vackova/Shutterstock

60 centímetros

● Os pinguins caminham e são ótimos nadadores. Embora tenham asas, eles não voam. Suas asas funcionam como nadadeiras.

robert mcgillivray/Shutterstock

1,5 metro

● Quando salta, o canguru pode atingir até 5 metros de distância.

Dale Mitchell/Shutterstock

Atividades

1 Observe os animais abaixo. Eles utilizam, principalmente, as pernas para se locomover. Complete o quadrinho com o número de pernas correspondente.

Stefan Rotter/Shutterstock

65 centímetros

Pato: ☐ pernas

TigerStock's/Shutterstock

15 centímetros

Aranha: ☐ pernas

Cattlin/Alamy/Fotoarena

1 centímetro

Formiga: ☐ pernas

Ser humano: ☐ pernas

mimagephotography/Shutterstock

2 Observe os animais abaixo e contorne pelo menos uma diferença entre eles. Conte aos colegas e ao professor que diferença você encontrou em cada caso.

Ilustrações: José Rodrigues/Arquivo da editora

20

O ESQUELETO DOS ANIMAIS

Existem animais que têm um conjunto de ossos que sustenta o corpo e ajuda na locomoção. Esse conjunto de ossos é chamado **esqueleto**.

A coluna vertebral faz parte do esqueleto. Ela é formada por ossos chamados **vértebras**.

Os animais que têm coluna vertebral são chamados **vertebrados**. O ser humano é um animal vertebrado.

Veja a posição da coluna vertebral no esqueleto de um ser humano e no de um cão.

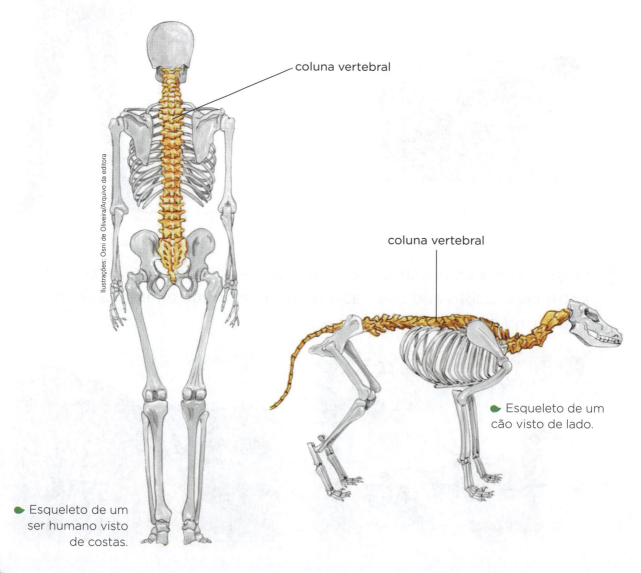

coluna vertebral

coluna vertebral

Ilustrações: Osni de Oliveira/Arquivo da editora

● Esqueleto de um ser humano visto de costas.

● Esqueleto de um cão visto de lado.

Veja mais alguns animais que têm esqueleto interno, ou seja, que está dentro do corpo.

Luiz Kagiyama/Shutterstock

2 metros

● Tamanduá-bandeira.

Palê Zuppani/Pulsar Imagens

80 centímetros

● Tachã.

O esqueleto de alguns vertebrados é cartilaginoso, isto é, é formado por cartilagens em vez de ossos. Os tubarões e as raias são exemplos de vertebrados com esqueleto cartilaginoso.

A cartilagem é menos dura que o osso, mas muito resistente. O nariz e a orelha do ser humano são formados por cartilagens.

● Tubarão.

3 metros

Fiona Ayerst/Shutterstock

Mas nem todos os animais têm coluna vertebral. Os que não apresentam coluna vertebral são chamados animais **invertebrados**.

● As lesmas são animais de corpo mole e podem ser de diferentes tamanhos e cores.

● As minhocas têm o corpo mole e alongado.

Apesar de não terem coluna vertebral, alguns animais invertebrados, como a abelha e o besouro, têm esqueleto externo, isto é, que fica fora do corpo. Esse esqueleto não é ósseo, é formado por outros materiais, e protege músculos e órgãos.

● Abelha.

● Besouro.

Outros animais, como a estrela-do-mar e o ouriço, apesar de invertebrados, têm um esqueleto interno formado por pequenos "ossinhos".

● A estrela-do-mar pode ter o corpo liso ou áspero.

● O ouriço-do-mar tem espinhos na superfície do corpo.

Atividades

1 Em sua opinião, qual é a função do esqueleto?

....

....

....

2 Circule na cena abaixo somente os animais invertebrados.

José Rodrigues/Arquivo da editora

3 Observe a cena e pinte dois animais que não têm esqueleto ósseo interno.

Osni de Oliveira/Arquivo da editora

4 Assinale qual dos dois grupos representados abaixo possui somente animais vertebrados.

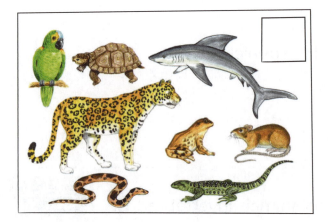

Ilustrações: Osni de Oliveira/Arquivo da editora

5 Desenhe um animal vertebrado e um invertebrado e faça uma pesquisa sobre eles. Você pode consultar livros ou trocar informações com os colegas e o professor. Depois, preencha as fichas.

Vertebrado

Nome: ....

O que descobri sobre ele:

....

....

....

Invertebrado

Nome: ....

O que descobri sobre ele:

....

....

....

6 Pinte os quadrinhos de acordo com o grupo a que cada animal pertence.

Vertebrado

Invertebrado

Elementos não proporcionais entre si.

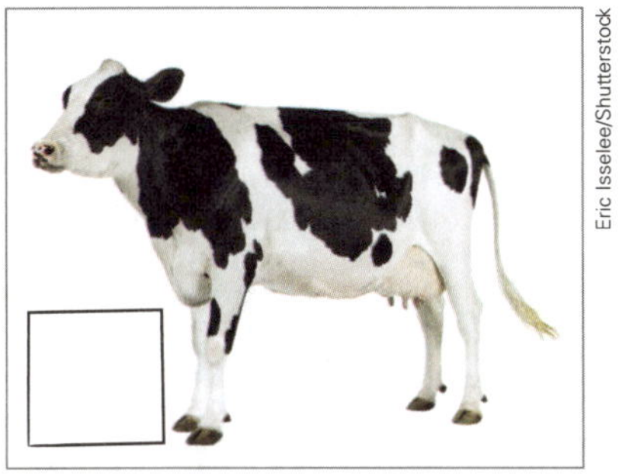

Eric Isselee/Shutterstock

● Vaca.

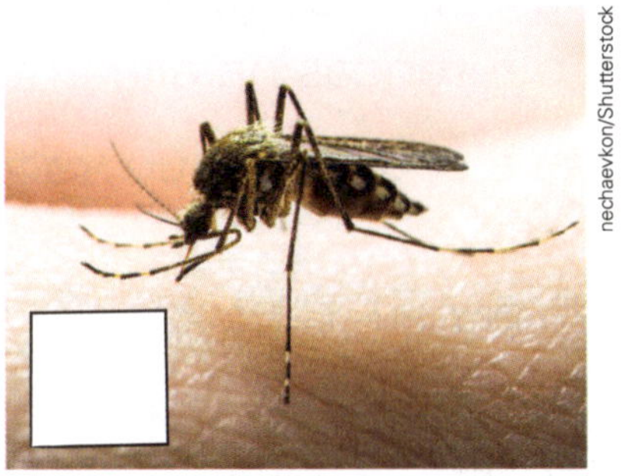

nechaevkon/Shutterstock

● Mosquito.

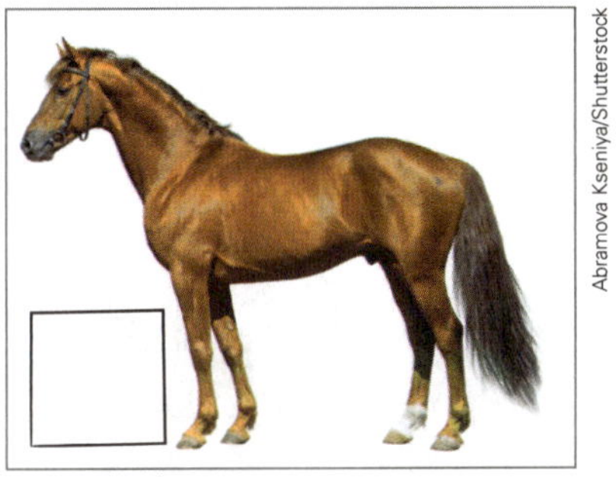

Abramova Kseniya/Shutterstock

● Cavalo.

Mark Bridger/Shutterstock

● Esperança.

Steffen Foerster/Shutterstock

● Beija-flor.

Artush/Shutterstock

● Aranha.

7 Apalpe seu braço e sua mão e faça um desenho de como você acha que são os ossos. Mostre seu trabalho para os colegas e verifique como ficou o deles.

8 Conheça mais alguns animais vertebrados e invertebrados na atividade **15**, da página **23**, do **Caderno de criatividade e alegria**.

117

Além das diferenças na maneira como os animais se locomovem, eles também apresentam diferenças na alimentação.

Preste atenção na cena a seguir. O que você vê nela?

Elementos não proporcionais entre si.

José Rodrigues/Arquivo da editora

● Os animais retiram seu alimento do ambiente em que vivem. Alguns, como a abelha, colhem o **néctar** das flores para produzir seu alimento. Outros, como o sapo, ficam esperando as moscas e outros insetos se aproximarem para capturá-los. A vaca, por exemplo, é um animal que se alimenta de plantas. Já o ser humano pode se alimentar da carne e do leite da vaca e de plantas, como a alface.

néctar: solução açucarada.

Alguns animais se alimentam somente de plantas. Eles são chamados **herbívoros**.

● A anta e o coelho são exemplos de animais herbívoros.

Existem animais que se alimentam de outros animais. Eles são chamados **carnívoros**.

● O gato e a ariranha são exemplos de animais carnívoros.

Existem também animais que se alimentam tanto de plantas como de outros animais. São chamados animais **onívoros**.

● O macaco-prego, a galinha e o rato são exemplos de animais onívoros.

O ser humano se alimenta tanto de plantas como de outros animais e seus derivados. Portanto, é um animal onívoro.

● O ser humano é um animal onívoro.

Saiba mais +

Limpadores da natureza

Urubu, camarão e garça. À primeira vista, os três são seres vivos bem diferentes entre si. Mas isso fica só na aparência. Na natureza, eles desempenham papéis semelhantes: aproveitam restos animais e vegetais em sua alimentação [...]. Por meio da atuação desses seres, o que não teria mais serventia ganha nova forma e utilidade [...].

● Urubu se alimentando de um peixe morto.

Junto de tatus e hienas, urubus e camarões [...] se alimentam de animais mortos, em estágio pouco avançado de decomposição. Na falta de carcaças frescas, alguns deles variam o cardápio com frutas e vegetais. [...]

Bichos injustiçados, de Tatiana Pinheiro. **Nova Escola**. Disponível em: <https://novaescola.org.br/conteudo/1069/bichos-injusticados>. Acesso em: 17 jan. 2019.

Atividades

1 Escreva o nome dos animais a seguir e assinale o tipo de alimentação de cada um.

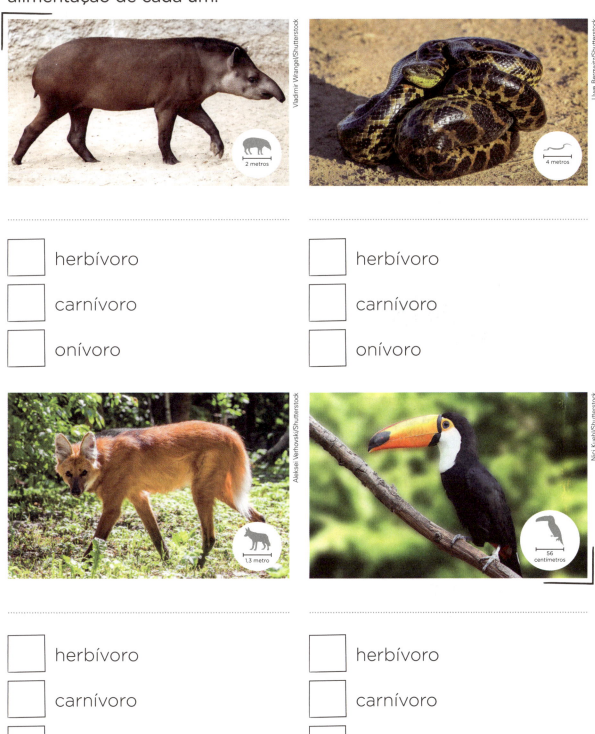

....

☐ herbívoro

☐ carnívoro

☐ onívoro

....

☐ herbívoro

☐ carnívoro

☐ onívoro

....

☐ herbívoro

☐ carnívoro

☐ onívoro

....

☐ herbívoro

☐ carnívoro

☐ onívoro

2 Assinale **V** para verdadeiro ou **F** para falso.

☐ Todos os animais se alimentam da mesma maneira.

☐ Todos os animais se alimentam de outros seres vivos.

☐ Nem todos os animais comem o mesmo tipo de alimento.

☐ O ser humano se alimenta somente de outros animais.

☐ O ser humano e muitos outros animais comem animais e plantas.

3 Observe os animais abaixo. Repare na boca, no bico, nos dentes, nas pernas e nas unhas deles e descreva o que você vê em cada animal.

Kevin Le/Shutterstock
1,8 metro
● Águia.

Bico: ....

....

Pernas: ....

Zsolt Bicza/Shutterstock
2 metros
● Leão.

Dentes: ....

Unhas: ....

....

Minden Pictures RM/Getty Images
80 centímetros
● Colhereiro.

Bico: ....

Pernas: ....

....

● Converse com os colegas e o professor sobre a pergunta a seguir: Como o formato do corpo dos animais pode ser relacionado ao tipo de alimento que eles comem?

22 O SER HUMANO E OS OUTROS ANIMAIS

Os animais são muito diferentes entre si. Nós, seres humanos, somos diferentes dos outros animais pois temos características específicas, como a capacidade de raciocinar e falar.

Há muito tempo o ser humano cria outros animais para seu benefício. Por exemplo: utilizamos os ovos da galinha, o leite da cabra e o mel da abelha. De animais como boi, porco, frango e carneiro, utilizamos a carne, além do couro no caso do boi, do porco e do carneiro, e da lã do carneiro na fabricação de roupas e sapatos, entre outros produtos.

Antes da popularização dos automóveis, e até hoje em algumas regiões do mundo, era muito comum a utilização de cavalos e bois como meio de transporte.

Cães e gatos podem ser criados pelo ser humano como animais de companhia. Além disso, os cães podem ser treinados para atuar na guarda, como cães-guia, no pastoreio, etc.

A partir da lã das ovelhas o ser humano fabrica roupas e sapatos.

Outros animais, como as vespas e as joaninhas das fotos abaixo, ajudam a combater insetos que podem estragar plantações.

● Ao parasitarem os ovos do percevejo-da-soja, as vespas ajudam a combater essa praga que destrói plantações de soja.

● As joaninhas são importantes predadoras do pulgão, animal comum em plantações e jardins.

A utilização de animais em pesquisas ou mesmo na alimentação do ser humano ainda é muito discutida por vários setores da sociedade: há grupos a favor e outros contra o uso deles.

Saiba mais

Os melhores amigos do ser humano

A companhia de um animal de estimação pode fazer uma grande diferença na vida das pessoas, principalmente para crianças e idosos.

Mas é importante lembrar que todo animal de estimação precisa de cuidados básicos, como água fresca, alimentação adequada, espaço limpo, atenção e visitas regulares ao veterinário.

Fonte: **Armandinho Três**, de Alexandre Beck. Curitiba: Arte & Letra, 2014. p. 49.

Atividade

- O que é, o que é? Responda assinalando as imagens.

a) É um invertebrado e produz mel.

b) Alimenta-se de ovos de insetos que podem estragar as plantações.

c) É um onívoro e está presente na alimentação do ser humano.

d) Costuma ser criado como animal de estimação em casas e apartamentos.

Pesquisando sobre os animais

Nesta unidade, vimos vários animais diferentes. Aprendemos que, apesar de às vezes serem parecidos, os animais têm muitas diferenças. Agora, vamos fazer uma pesquisa sobre um animal da sua região?

Você vai precisar de:

- celular com câmera (opcional)
- tesoura com pontas arredondadas
- papel, caderno e lápis
- cola

Como fazer

1 Ande com um familiar em seu bairro e em praças ou parques da sua cidade. Observe os animais que encontrar, fotografe-os ou desenhe-os e, depois, anote o nome deles.

2 Em casa, escolha um dos animais que você fotografou e faça uma pesquisa sobre ele.

Elementos não proporcionais entre si.

Ilustra Cartoon/Arquivo da editora

Pesquisa e registro

1 Procure em livros, revistas ou na internet informações sobre o animal que escolheu. Você também pode fazer perguntas aos adultos e aos colegas e ouvir o que eles sabem sobre esse animal. Siga o roteiro abaixo para sua pesquisa.

- Em que lugares o animal escolhido costuma ficar?

- Ele se alimenta de outros animais ou de vegetais? Quais?

- Algum outro animal se alimenta dele?

- Ele sofre alguma ameaça? Existem pessoas preocupadas em preservar a vida desse animal?

- Ele é considerado um problema na sua cidade?

2 Use as informações da sua pesquisa para fazer um álbum sobre o animal. Você pode fazer desenhos, colar figuras, fazer dobraduras. Solte a imaginação!

Ilustra Cartoon/Arquivo da editora

UNIDADE 4

HIGIENE E SAÚDE

Bruna Assis Brasil/Arquivo da editora

128

Entre nesta roda

- Você gosta de brincar ao ar livre?
- Você acha que este local é bem cuidado?
- O que as pessoas na cena estão fazendo para cuidar da saúde?

Nesta unidade vamos estudar...

- Hábitos de higiene e saúde
- Alimentação e origem dos alimentos
- Nosso corpo
- Nossos sentidos
- Cuidados com o ambiente
- Prevenção de doenças
- Dicas de segurança

23 A HIGIENE E A SAÚDE

Nossa saúde depende muito do ambiente em que vivemos e de como cuidamos de nós mesmos, de nossa **mente** e de nosso corpo, que inclui ter uma boa alimentação, atenção com a saúde e **hábitos** de higiene.

> **hábitos:** o que costumamos fazer sempre.
> **mente:** nossos pensamentos.

Veja o que podemos fazer para cuidar da saúde.

- Tomar banho todos os dias.

- Manter o cabelo limpo e penteado.

- Conservar as unhas limpas e cortadas.

- Lavar as mãos antes das refeições, depois de brincar e após ir ao banheiro.

- Escovar os dentes depois de comer.

- Usar roupas confortáveis, limpas e de acordo com as condições do tempo.

- Passear ao ar livre.

- Ler bons livros e revistas.

- Fazer atividades físicas, como brincar e praticar esportes.

- Ter uma alimentação saudável.

- Não usar aparelhos eletrônicos (televisores, celulares, *tablets*, computadores) por mais de duas horas por dia.

- Dormir bem e em local tranquilo e arejado.

Fazer amigos e brincar com eles, conversar, passear e divertir-se também são atividades necessárias para manter a boa saúde.

picturepartners/Shutterstock

Jamie Duplass/Shutterstock

Pavel Semenov/Shutterstock

Atividades

1 Observe e escreva o que cada criança está fazendo para manter a saúde.

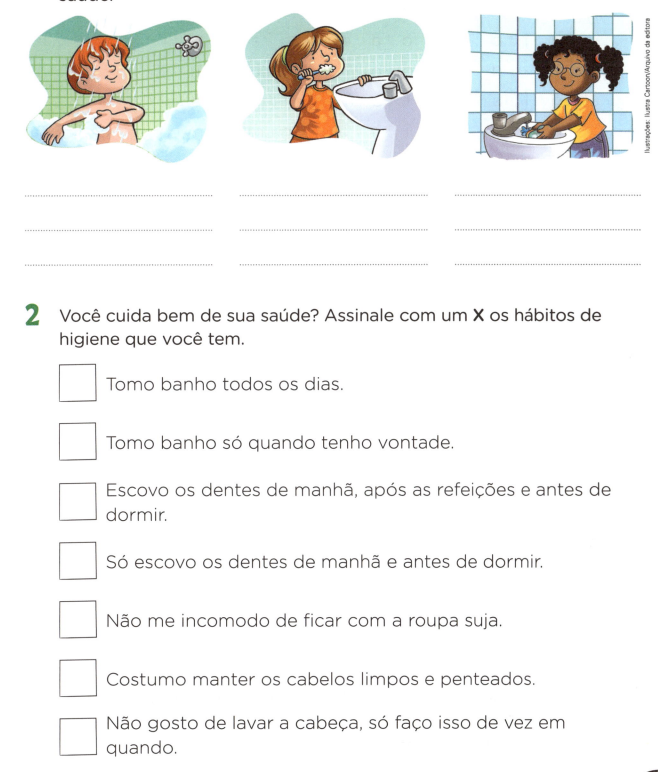

Ilustrações: Ilustra Cartoon/Arquivo da editora

....

....

....

2 Você cuida bem de sua saúde? Assinale com um **X** os hábitos de higiene que você tem.

☐ Tomo banho todos os dias.

☐ Tomo banho só quando tenho vontade.

☐ Escovo os dentes de manhã, após as refeições e antes de dormir.

☐ Só escovo os dentes de manhã e antes de dormir.

☐ Não me incomodo de ficar com a roupa suja.

☐ Costumo manter os cabelos limpos e penteados.

☐ Não gosto de lavar a cabeça, só faço isso de vez em quando.

3 A saúde também depende da nossa relação com as outras pessoas. Relações saudáveis são aquelas em que nos sentimos bem, somos acolhidos e respeitados. No diagrama, circule as palavras que completam as frases que apresentam atitudes essenciais para manter a saúde.

a	t	i	v	i	d	a	d	e	s	f	í	s	i	c	a	s
m	j	o	l	u	o	a	o	l	g	a	g	h	f	a	w	t
i	x	d	r	m	q	p	r	h	x	u	y	u	c	y	e	r
g	l	s	t	a	f	a	m	í	l	i	a	s	v	l	a	q
o	e	t	j	f	i	n	i	v	g	m	z	m	b	g	d	v
s	e	n	u	t	r	s	r	n	t	b	r	i	n	c	a	r

a) .... bem.

b) .... ao ar livre.

c) Praticar ....

d) Manter boas relações com a .... e os ....

4 Indique a frequência com que você pratica os hábitos de higiene que considera importantes para o seu dia a dia.

a) Uma vez ao dia: ....
....
....

b) Mais de uma vez ao dia: ....
....

c) Uma vez por semana: ....
....

5 Fazer exercícios regularmente é importante para a saúde. Vá à atividade **17** da página **28** do **Caderno de criatividade e alegria** e ajude Giulia a se vestir para andar de *skate*.

NOSSA ALIMENTAÇÃO

24

Como vimos, a alimentação também é importante para manter o corpo saudável.

Uma pessoa bem alimentada tem disposição para brincar, estudar, trabalhar e realizar diversas outras atividades. Uma criança bem alimentada cresce com saúde e vigor.

Uma boa alimentação compreende quatro refeições diárias. Observe os alimentos que as pessoas comeram ao longo do dia.

● Café da manhã.

● Almoço.

Ilustrações: Ilustra Cartoon/Arquivo da editora

● Lanche.

● Jantar.

É importante consumir alimentos variados, em quantidade adequada e em horários certos. Doces devem ser evitados e ingeridos em pequenas quantidades, pois podem fazer mal à saúde.

A alimentação equilibrada deve estar combinada à ingestão de água e à prática de atividades físicas.

Os alimentos que consumimos repõem a energia que gastamos brincando, estudando e fazendo outras atividades.

É necessário comer de tudo e não apenas o que queremos.

Fotos: Fernando Favoretto/Acervo da editora

- Carnes e alimentos derivados de animais, como queijo e leite, são importantes para a pele e para os músculos.

- Frutas e legumes crus e bem lavados, leite, ovos e fígado contêm vitaminas e sais minerais, que são importantes para o bom funcionamento do corpo.

- Doces e alimentos gordurosos em excesso fazem mal à saúde e devem ser consumidos em pequenas quantidades.

Devemos lembrar que todos esses alimentos devem ser consumidos sem exagero. Comer um pouco de cada alimento é mais importante do que comer muito de um só.

Veja alguns cuidados que devemos ter com os alimentos:

- mastigar bem os alimentos;

- evitar o consumo de bebidas e doces artificiais, como refrigerantes, gomas de mascar e balas;

- manter os alimentos protegidos de insetos e outros animais;

- conservar os alimentos em locais adequados.

Atividades

1 Imagine uma criança que passa o dia consumindo balas, gomas de mascar, sanduíches, salgadinhos, refrigerantes e chocolates.

a) Essa criança tem uma alimentação adequada?

☐ sim   ☐ não

b) Agora, converse com os colegas e o professor sobre o que essa criança deve fazer para ter uma alimentação equilibrada.

2 Sobre seus hábitos alimentares, responda ao que se pede.

a) Quantas refeições você faz por dia? Quais são elas?

....
....
....
....

b) Quais alimentos você costuma comer no almoço? E no jantar?

....
....
....
....

c) Você acha que suas refeições são saudáveis? Por quê?

☐ sim   ☐ não

....
....
....

Construindo um filtro

A água é fundamental para mantermos a boa saúde. É importante lembrar que devemos sempre utilizar água filtrada para beber e preparar alimentos. Essa é uma forma de evitar doenças.

Elementos não proporcionais entre si.

Você vai precisar de:

- 1 (um) copo de água barrenta
- 1 (um) copo de areia
- 1 (um) filtro de papel (coador para café)
- 1 (uma) garrafa plástica descartável transparente de 2 litros
- meio copo de carvão ativado (granulado)

Como fazer

1 Peça a um adulto que corte a garrafa plástica aproximadamente 10 centímetros abaixo do gargalo.

2 Encaixe a parte superior da garrafa dentro da parte inferior, sem tampa e com o gargalo virado para baixo, formando um funil.

3 Em seguida, encaixe o filtro de papel nesse funil.

Ilustrações: Ilustra Cartoon/Arquivo da editora

4 Coloque no filtro uma camada de areia molhada, uma camada de carvão e outra de areia seca por cima.

5 Despeje a água barrenta no filtro e observe.

Observação e conclusão

1 O que aconteceu? Assinale uma alternativa ou escreva-a.

☐ A água passou pelo filtro e continuou barrenta.

☐ A terra ficou retida no filtro e a água que passou por ele saiu clara.

☐ A terra entupiu o filtro e nada passou por ele.

☐ Outra: ....

....

2 Converse com seus colegas e responda: Por que é importante filtrar a água antes de bebê-la ou de usá-la na preparação de alimentos?

Ilustrações: Ilustra Cartoon/Arquivo da editora

25 DE ONDE VÊM OS ALIMENTOS

Os alimentos que consumimos podem ser de origem animal ou de origem vegetal.

bitt24/Shutterstock

● Carnes, leite e seus derivados são alimentos de origem animal.

Julian Rovagnati/Shutterstock

● Legumes, verduras e frutas são alimentos de origem vegetal.

Certos alimentos podem ser consumidos ao natural, isto é, crus, mas, antes, devem ser muito bem lavados. Alguns desses alimentos podem também ser cozidos, dependendo da preferência de quem vai comê-los.

E há alimentos que precisam ser cozidos antes do consumo. Veja:

Fotos: Fernando Favoretto/Arquivo da editora

● O feijão, o arroz, a carne e a batata são exemplos de alimentos que precisam ser cozidos.

Muitos alimentos podem ser transformados em outros por meio de alguns processos.

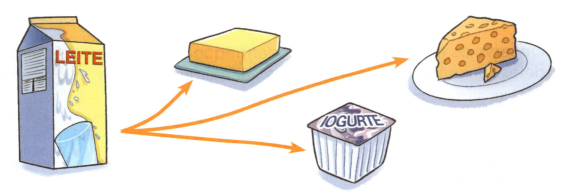

● O leite pode ser transformado em manteiga, iogurte e queijo.

● Utilizando o trigo, as indústrias de alimentos fazem a farinha de trigo, que, por sua vez, é usada na fabricação de bolos e massas.

Há também alimentos que são fabricados com substâncias artificiais. Esses alimentos devem ser evitados.

● Refrigerantes, balas e sucos artificiais são ricos em açúcar, corantes e outras substâncias que fazem mal à saúde.

Ilustrações: Ilustra Cartoon/Arquivo da editora

Atividades

1 Observe os alimentos abaixo e identifique a origem deles (animal ou vegetal). Depois, faça uma lista com outros alimentos que tenham a mesma origem.

Hysteria/Shutterstock

☐ animal

☐ vegetal

....

....

....

....

Albo003/Shutterstock

☐ animal

☐ vegetal

....

....

....

....

2 Observe os alimentos que estão sobre a mesa e faça o que se pede.

Ilustrações: Ilustra Cartoon/Arquivo da editora

a) Contorne de verde os alimentos de origem vegetal.

b) Contorne de marrom os alimentos de origem animal.

c) Contorne de vermelho os alimentos que passaram por um processo de fabricação.

3 Anote, durante três dias da semana, todos os alimentos que você comer.

Primeiro dia	Segundo dia	Terceiro dia

- Você consumiu alimentos de origem animal e vegetal?

  ☐ sim   ☐ não

4 Observe, em casa ou em um supermercado, um rótulo de iogurte. Copie algumas informações que você localizar nos ingredientes do produto.

- Lendo os ingredientes, você consegue descobrir a origem desse produto? Qual é a origem dele?

  ....

  ....

5 Vá à atividade **18** da página **29** do **Caderno de criatividade e alegria** e diferencie os alimentos de origem vegetal e os de origem animal.

Nosso corpo é dividido em cabeça, tronco e membros. Essa divisão facilita o estudo do corpo humano.

Observe:

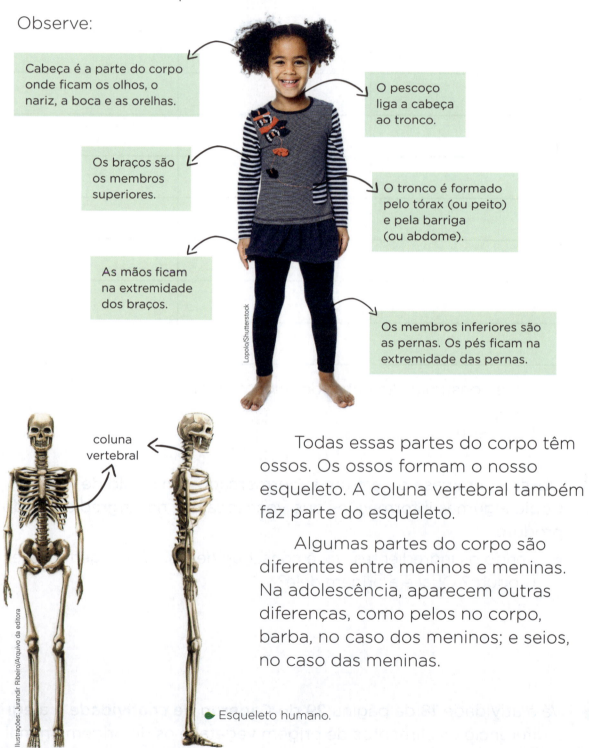

Cabeça é a parte do corpo onde ficam os olhos, o nariz, a boca e as orelhas.

O pescoço liga a cabeça ao tronco.

Os braços são os membros superiores.

O tronco é formado pelo tórax (ou peito) e pela barriga (ou abdome).

As mãos ficam na extremidade dos braços.

Os membros inferiores são as pernas. Os pés ficam na extremidade das pernas.

Lopolo/Shutterstock

coluna vertebral

Todas essas partes do corpo têm ossos. Os ossos formam o nosso esqueleto. A coluna vertebral também faz parte do esqueleto.

Algumas partes do corpo são diferentes entre meninos e meninas. Na adolescência, aparecem outras diferenças, como pelos no corpo, barba, no caso dos meninos; e seios, no caso das meninas.

● Esqueleto humano.

Ilustrações: Jurandir Ribeiro/Arquivo da editora

Atividades

1 Adivinhe:

a) O que é que está em pé quando estamos deitados e está deitado quando estamos em pé?

....

b) Brigam o dia inteiro, mas à noite dormem juntas?

....

2 Complete as frases usando as palavras do quadro.

abdome	**boca**	**braços**	**mãos**
membros	**nariz**	**olhos**	**orelhas**	**pernas**
pés	**pescoço**	**tórax**	**tronco**

a) O corpo humano tem cabeça, pescoço, ...

e ....

b) Na cabeça estão os ...., as ....,

o .... e a .... A cabeça é ligada

ao tronco pelo ....

c) No tronco ficam o .... e o ....

d) .... e .... fazem parte dos membros

superiores.

e) .... e .... fazem parte dos membros

inferiores.

3 O ilustrador desenhou a cabeça da criança, mas se esqueceu de algumas partes importantes! Desenhe o que está faltando.

IlustraCartoon/Arquivo da editora

4 Vamos medir sua altura e a de seus colegas de classe?

Ilustrações: Ilustra Cartoon/Arquivo da editora

a) Para medir a altura do colega, use um pedaço de barbante, como na figura ao lado.

b) Cole uma etiqueta com o nome do colega no barbante, exatamente no ponto que corresponde à altura dele.

c) Com a turma, cole em um papel grande todos os barbantes, do menor para o maior.

d) Responda.

- Todos os alunos têm o mesmo tamanho?

  ☐ sim   ☐ não

- Quem é o mais alto? ....

- E o mais baixo? ....

27 PERCEBENDO O AMBIENTE: OS SENTIDOS

Por meio do corpo percebemos tudo o que acontece ao nosso redor.

Visão, audição, tato, olfato e gustação são os cinco sentidos que nos permitem perceber o mundo e tudo o que existe nele.

iko/Shutterstock

A visão nos permite ver as pessoas, os objetos e o ambiente.

michaeljung/Shutterstock

Com o tato podemos saber se algo é macio, duro, pontudo, frio, quente.

Rafal Olechowski/Shutterstock

O olfato nos faz sentir os bons e os maus cheiros.

Africa Studio/Shutterstock

Ji Zhou/Shutterstock

Com a audição podemos ouvir as músicas, as conversas e outros sons.

A gustação nos permite saborear os alimentos.

A visão, a audição, o olfato, a gustação e o tato são nossos cinco sentidos. Eles informam nosso cérebro o tempo todo a respeito daquilo que nos rodeia.

MiniLarousse dos cinco sentidos. Tradução de Naiara Raggiotti. São Paulo: Larousse do Brasil, 2007.

Com seus colegas, observe o local onde vocês estão neste momento e conversem.

- O que vocês estão vendo que mais lhes chama a atenção?
- Que sons estão ouvindo?
- Estão sentindo algum cheiro?
- Tapem as orelhas com as mãos. O que aconteceu?

Os órgãos dos sentidos são os responsáveis por captar os estímulos do ambiente e os enviar para o cérebro, que recebe essas informações e reconhece o que sentimos no corpo.

Às vezes, algum dos órgãos dos sentidos possui uma deficiência que impede ou dificulta a captação dos estímulos do ambiente. Quando isso acontece, é possível perceber o que está à volta com o auxílio de equipamentos ou usando os outros sentidos.

Observe.

● Braile é um sistema que utiliza pontos em relevo para que pessoas com deficiência visual leiam usando o tato.

● Pessoas com deficiência visual costumam utilizar uma bengala. A pessoa percebe o ambiente com o auxílio do toque da bengala e dos sons. É possível também ter o auxílio de um cão-guia.

● Pessoas com deficiência auditiva podem se comunicar por meio de Libras, a língua de sinais brasileira, e leitura labial.

Atividades

1 Complete as frases com as palavras do quadro.

> orelhas   pele   nariz   língua   olhos

a) Com as ...., Paulo escutou um barulho que vinha da casa ao lado.

b) Com o ...., Liana sentiu o cheirinho gostoso que vinha da cozinha.

c) Com a .... de seu corpo, Bruno sentiu o calor do Sol.

d) Com os ...., Ana viu os colegas entrarem na sala.

e) Com a ...., Tadeu sentiu o gosto do chocolate.

2 Sentir cheiros pode ser muito importante para nossa segurança. Que cheiros você acha que podem nos alertar sobre perigos?

....

....

....

3 Imagine que você colocou um alimento na boca e percebeu que está estragado.

a) O que você faz?

....

b) Você usou algum(ns) sentido(s) para descobrir que o alimento estava estragado? Qual(is)?

....

Ouvindo as batidas do coração

Você conhece o instrumento que a médica está usando? Ele se chama estetoscópio. Esse instrumento ajuda a escutar os ruídos internos do corpo e faz o som das batidas do coração parecer mais alto.

Que tal montar um estetoscópio?

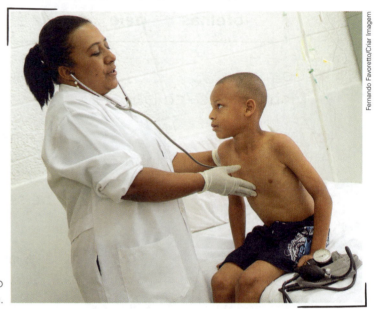

Médica examinando uma criança.

Você vai precisar de:

- 1 (um) pedaço de mangueira fina
- 2 (dois) funis
- fita adesiva

Elementos não proporcionais entre si.

Como fazer

1 Encaixe os funis nas pontas da mangueira e prenda-os com fita adesiva.

2 Para ouvir seu coração, posicione um dos funis sobre o lado esquerdo do peito e encoste o outro funil na orelha. Tente escutar também as batidas do coração de um colega.

Movimento e mágica

Você já ouviu falar em ilusão de ótica?

Ilusão de ótica são imagens que enganam nosso cérebro, fazendo com que enxerguemos algo que não é exatamente real.

Vamos montar um instrumento simples capaz de gerar uma ilusão de ótica?

Elementos não proporcionais entre si.

Você vai precisar de:

- 1 (uma) cartolina
- 1 (uma) vareta ou 1 (um) lápis
- fita adesiva
- giz de cera ou lápis de cor
- tesoura com pontas arredondadas

Como fazer

1 Peça a um adulto que recorte um círculo de cartolina com aproximadamente 12 centímetros de diâmetro.

2 Em um dos lados do círculo, desenhe um animal de que você gosta e, do outro lado, o local onde ele vive. Por exemplo: um peixe de um lado do círculo e o fundo do mar do outro lado.

3 Com a fita adesiva, prenda o círculo na ponta da vareta.

4 Segure a vareta entre as mãos e gire o círculo rapidamente. Com o movimento, o peixe parecerá estar dentro do mar.

Ilustrações: Ilustra Cartoon/Arquivo da editora

Convivendo com pessoas com deficiência

Leia o trecho do livro **Zekeyê e os olhos da noite**, que conta a história de Zekeyê e de Maína, duas crianças que adoravam brincar na floresta com as outras crianças da aldeia. Maína tem deficiência visual, mas Zekeyê sabe que ela possui muitas outras habilidades.

— Que calor! Vamos pra água?

— Sim, sim, sim! Vamos pra cachoeira – responderam as crianças, escondidas pela vegetação.

— Mas a Maína não – diz o fortão Modibo.

— A cachoeira é longe. A Maína toda hora quer parar, toda hora a gente tem que ajudar...

Maína fica triste.

Ela não é como as outras crianças:

ela não vê o verde do tamarineiro,

nem o vermelho da terra da aldeia.

Maína é cega, ela só conhece a escuridão.

[...]

Zekeyê não quer deixar Maína.

Ele insiste, grita, mas ninguém presta atenção.

As outras crianças vão embora.

Zekeyê fica com a menininha.

Afinal, é gostoso ficar com ela.

Eles brincam na relva e sobem

nas árvores. Maína não enxerga,

mas ela sabe tocar, sentir e ouvir

melhor do que ninguém.

Zekeyê e os olhos da noite, de Nathalie Dieterlé. São Paulo: Scipione, 2013.

Considerando a leitura da página anterior, converse com seus colegas e responda.

- Por que você acha que Zekeyê afirmou que Maína sabe tocar, sentir e ouvir melhor do que ninguém?

Que tal descobrir se você e seus colegas conseguem identificar objetos sem usar a visão?

Para isso, vamos construir uma caixa de surpresas!

 1 A turma deverá se organizar e trazer de casa alguns itens para a realização da atividade:

- objetos pequenos, como brinquedos e objetos de papelaria, com diferentes formatos e texturas;

- sementes secas, como: feijão, arroz, ervilha, etc.;

- folhas de plantas ou flores;

- 1 (uma) caixa de papelão;

- pedaço de tecido que será usado como venda para os olhos.

2 Primeiro, sem que a turma veja, o professor vai colocar os itens dentro da caixa.

3 Um aluno por vez terá os olhos vendados e escolherá um item da caixa para, por meio do tato e/ou do olfato, descobrir o que é o item.

4 Ao final, discutam quais foram as dificuldades que vocês tiveram para identificar os itens da caixa de surpresas.

Ilustrações: Ilustra Cartoon/Arquivo da editora

28 CUIDADOS COM O AMBIENTE

Já aprendemos que um ambiente sujo e poluído pode prejudicar a saúde e que alguns cuidados ajudam a evitar a poluição.

Alguns desses cuidados são o tratamento da água e do esgoto, além dos cuidados com o lixo.

A água que chega até nossas casas vem, geralmente, de rios e represas. Para que possa ser utilizada para beber, cozinhar e lavar, essa água deve passar por uma **estação de tratamento de água**.

Nessas estações, a água é filtrada e purificada com produtos especiais, entre eles o cloro.

Tales Azzi/Pulsar Imagens

● Estação de tratamento de água, São Paulo, 2017.

Depois de utilizada e descartada, a água se transforma em esgoto e retorna aos rios e mares. Por isso, a água suja que sai das casas e das indústrias deve ser recolhida por meio de um sistema de captação de esgoto e levada à estação de tratamento.

Após tratado, o esgoto pode ser despejado em rios ou em mares, sem risco de causar poluição.

O lixo também deve passar por tratamento. Ele deve ser colocado em lixeiras com tampa ou em sacos plásticos até ser recolhido nas casas, nas escolas e nos locais de trabalho.

Alexandre Tokitaka/Pulsar Imagens

● Lixo espalhado ou acumulado atrai baratas, ratos e moscas, que podem transmitir doenças, por isso a coleta de lixo, como mostrada na fotografia ao lado, é importante. São Paulo, 2017.

O tratamento da água que utilizamos e dos esgotos e a coleta do lixo são serviços que fazem parte da limpeza de uma cidade. Em geral, são serviços prestados pelos órgãos públicos ou fiscalizados por eles.

Thomaz Vita Neto/Pulsar Imagens

● Estação de tratamento de esgoto, São José do Rio Preto, São Paulo, 2018.

Outro cuidado com o ambiente é separar o lixo para a reciclagem ou reaproveitar objetos que seriam jogados fora.

Veja alguns itens que podem ser reciclados.

recipientes de vidro

papel

Elementos não proporcionais entre si.

restos de alimento

E existem aqueles que podem ser reutilizados, como os objetos abaixo, feitos com **sucata**.

sucata: qualquer objeto que perdeu sua utilidade original, que se quebrou, que não serve mais ou que não tem mais significado.

● Bonecas feitas de pedaços de pano.

● Poltrona feita de barril metálico.

● Porta-lápis feito de lata.

Elementos não proporcionais entre si.

- Converse com os colegas e o professor sobre o que pode ser feito pela turma para ajudar no reaproveitamento do lixo gerado na escola.

Atividades

1 Leia os quadrinhos a seguir.

Magali, de Mauricio de Sousa. São Paulo: Mauricio de Sousa/Mauricio de Sousa Editora Ltda. n. 89, maio 2014. p. 59.

- Converse com os colegas e o professor sobre a seguinte questão: Você concorda que uma das maneiras de cuidar do planeta é reciclando o lixo? Por quê?

2 A sujeira é inimiga da saúde. Por isso, devemos colaborar para manter o ambiente limpo em casa, na escola ou na rua.

a) Assinale com um **X** o local onde devemos jogar papel.

b) O que você faz para ajudar a manter limpo o ambiente em que mora?

....

....

....

....

....

....

29

PREVENÇÃO DE DOENÇAS

Prevenção é tudo aquilo que se faz para tentar evitar problemas, como as doenças: boa alimentação, hábitos de higiene, prática de exercícios físicos, entre outros.

Veja a seguir uma outra maneira de prevenir doenças.

CAROLINA, VOCÊ NÃO ME PARECE BEM. É MELHOR IR AO MÉDICO.

NÃO, MAMÃE. EU QUERO IR PARA A ESCOLA!

No consultório

VOCÊ ESTÁ COM CATAPORA.

UÉ! A BRUNA TAMBÉM ESTAVA E FOI PARA A ESCOLA.

Ilustrações: Fabiana Shizue/Arquivo da editora

Como você viu, é bem possível que Carolina tenha adquirido catapora após o contato com a colega Bruna, pois a catapora é uma doença contagiosa, ou seja, passa de uma pessoa para outra.

Quando estamos doentes precisamos ir ao médico para garantir que tenhamos o tratamento correto e para evitar passar a doença para outras pessoas, caso ela seja contagiosa.

Muitas doenças contagiosas podem ser evitadas por meio da vacinação.

Veja no quadro abaixo as principais vacinas recomendadas para crianças com idade entre 2 e 10 anos.

Antipólio (Sabin)	Protege contra a paralisia infantil. Deve ser tomada pela primeira vez aos 2 meses de vida.
Tríplice (DTP)	Protege contra difteria, tétano e coqueluche. Deve ser tomada pela primeira vez aos 2 meses de vida. Dos 4 aos 5 anos e dos 9 aos 10 anos deve-se tomar o reforço dessa vacina.
Tríplice viral (SRC)	Protege contra sarampo, rubéola e caxumba. Toma-se a primeira dose aos 12 meses de vida.
Meningocócicas conjugadas	Protege contra meningite bacteriana e outras doenças. A primeira dose é tomada aos 3 meses. O reforço deve ser tomado entre os 5 e 6 anos.
HPV	Protege contra os principais vírus causadores de infecções que podem provocar cânceres. É tomada em duas doses. As meninas devem tomar entre 9 e 14 anos, e os meninos entre 11 e 14 anos.

Fonte: Calendário de vacinação da Sociedade Brasileira de Imunizações (SBIm) – 2018/2019. Disponível em: <https://sbim.org.br/images/calendarios/calend-sbim-crianca.pdf>. Acesso em: 22 jan. 2019.

Além da vacinação, alguns cuidados podem ser tomados no dia a dia para a prevenção das doenças contagiosas, como evitar contato com pessoas que estejam com alguma doença contagiosa, e ter bons hábitos alimentares e de higiene.

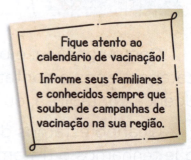

Fique atento ao calendário de vacinação!

Informe seus familiares e conhecidos sempre que souber de campanhas de vacinação na sua região.

Atividades

1 Por que é importante ser vacinado?

....

....

....

2 Você já teve alguma doença contagiosa? Pergunte a alguém da sua família. Registre.

....

....

3 Examine sua carteira de vacinação. Em que datas você foi vacinado contra a poliomielite e contra o sarampo?

....

....

....

4 Imagine que no próximo sábado haverá uma campanha de vacinação em seu bairro. Em uma folha à parte, crie um aviso pedindo aos pais e responsáveis que não deixem de levar seus filhos para que sejam vacinados. Ilustre seu aviso com desenhos.

5 Quais são os cuidados para evitar gripes e resfriados? Pergunte a um profissional de saúde ou visite um posto de saúde. Registre aqui e conte aos colegas e ao professor o que descobriu.

....

....

....

....

A dengue e a febre amarela

A dengue e a febre amarela são doenças transmitidas pela picada de um mosquito.

Quando esse mosquito pica alguém, ele pode deixar no sangue da pessoa o vírus que causa a dengue ou a febre amarela.

Os vírus são seres muito pequenos que só podem ser vistos com a ajuda de um microscópio capaz de ampliar a imagem milhares de vezes. Somente quando estão dentro de um ser vivo, os vírus apresentam características de ser vivo, como a capacidade de se reproduzir.

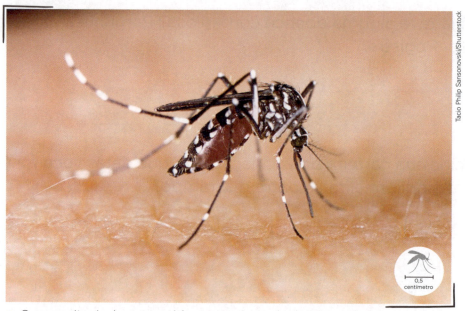

● O mosquito *Aedes aegypti* é o transmissor da dengue e da febre amarela. Ele se reproduz em água limpa e parada.

Os principais sintomas da dengue são: febre, dores no corpo e surgimento de manchas avermelhadas na pele. A febre amarela, além de causar febre alta e dores no corpo, pode deixar os olhos e a pele da pessoa amarelados nos casos mais graves.

Para evitar que o mosquito transmissor dessas doenças se reproduza, é importante:

- não deixar pneus velhos e vasilhas ao ar livre, onde a água da chuva pode ficar acumulada;

- guardar garrafas vazias com a boca virada para baixo;

- colocar areia nos pratinhos dos vasos de plantas;

- manter a caixa-d'água sempre fechada.

Atividades

1 Veja as seguintes cenas. Escreva com suas palavras o que as pessoas estão fazendo para prevenir a transmissão da dengue e da febre amarela.

Ilustrações: Fabiana Shizue/Arquivo da editora

2 Maria está com febre e dores no corpo, sintomas comuns de dengue e de outras doenças. Na sua opinião, o que ela deve fazer? Comente sua resposta com os colegas e o professor.

☐ Procurar um posto de saúde.

☐ Tomar um remédio para febre e dor sem consultar um médico.

A cólera

A cólera é uma doença causada por uma bactéria conhecida como vibrião colérico. Quando o vibrião está no corpo de uma pessoa, provoca dores e diarreia tão forte que pode levar à morte por desidratação.

Para combater a cólera, os governantes devem tratar a água utilizada pela população e tratar o esgoto antes de despejá-lo nos rios.

As verminoses

As verminoses são doenças causadas por vermes **parasitas** que se instalam em nosso organismo, causando mal-estar, dor de barriga, enjoo e fraqueza.

> **parasitas:** organismos que vivem em outro organismo, dele obtendo alimento.

Parte dos ovos desses vermes é eliminada com as fezes da pessoa infectada. Nos locais onde não há vaso sanitário e rede de esgoto, as fezes podem contaminar o solo, a água e os vegetais regados com ela.

Podemos ingerir ovos de lombriga bebendo água contaminada ou comendo vegetais que contenham esses ovos.

A doença causada pela tênia pode ser adquirida quando se come carne malcozida de boi ou de porco que se alimentou de vegetais contaminados ou bebeu água contaminada.

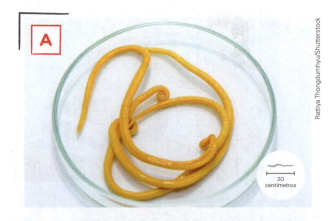

Veja alguns cuidados que devemos ter para evitar doenças como a cólera e as verminoses:

- lavar bem as verduras e as frutas;

- lavar bem as mãos antes de se alimentar e após usar o vaso sanitário;

- beber somente água mineral, filtrada, fervida ou tratada com cloro;

- cozinhar bem as carnes.

● Entre os vermes mais comuns estão a lombriga (A) e a tênia (B).

Atividades

1 Pinte os quadrinhos de acordo com a legenda.

🟥 cólera 🟩 dengue 🟨 febre amarela

☐ Doença causada por bactéria.

☐ Provoca dores e diarreia forte.

☐ Pode provocar febre e amarelamento da pele.

☐ Doença transmitida por mosquito.

2 Complete as frases.

a) A .... é uma doença causada por um microrganismo conhecido como vibrião colérico.

b) As .... são causadas por vermes parasitas que se instalam em nosso organismo.

3 Como uma pessoa pode se contaminar com os ovos da lombriga?

☐ Bebendo água não filtrada.

☐ Bebendo água filtrada.

☐ Comendo alimentos crus não lavados.

☐ Encostando em alguém contaminado.

4 Sabia que você pode se prevenir de muitas doenças adotando atitudes simples no seu dia a dia? Faça a atividade **19** da página **31** do **Caderno de criatividade e alegria** e descubra como.

30

PREVENÇÃO DE ACIDENTES

Acidentes podem ocorrer em casa, na rua, na escola ou em qualquer outro lugar. Alguns acidentes podem ser muito perigosos ou mesmo **fatais**.

> **fatais:** que causam morte.

Muitos acidentes acontecem por falta de atenção e cuidado, e podem ser evitados.

Veja algumas dicas de segurança para evitar acidentes.

> **Elementos não proporcionais entre si.**

Ilustrações: Ilustra Cartoon/Arquivo da editora

● Não entre na água sem boias nem desacompanhado de um adulto.

● Não tome remédios sem orientação de alguém responsável e não beba ou coma produtos que você não conhece.

● Não mexa no fogão e não brinque com fósforos, isqueiros, álcool ou gasolina, pois há o perigo de você se queimar ou provocar um incêndio. Além disso, o gás do fogão faz mal à saúde quando inalado.

● No carro, ande sempre no banco de trás e com cinto de segurança.

● Não mexa em tomadas ou em instalações elétricas, pois há risco de choques.

Saiba mais

Cuidado com produtos de limpeza!

Todos os produtos usados na limpeza e conservação de ambientes, como os da casa em que moramos e da escola, por exemplo, devem ser guardados longe de alimentos, medicamentos e de outros produtos de uso pessoal. Devem também ser mantidos fora do alcance das crianças e dos animais.

1 Ajude Pedro a chegar à casa dele com segurança. Observe com atenção e trace o caminho que ele poderá seguir para evitar acidentes.

Elementos não proporcionais entre si.

PERIGO
LÍQUIDO
INFLAMÁVEL

Ilustrações: Ilustra Cartoon/Arquivo da editora

2 Você já sofreu algum acidente por falta de atenção ou de cuidado e que poderia ter evitado? Em caso positivo, conte aos colegas como você poderia ter evitado o acidente.

Separando recicláveis

🔴 Lixeiras de material reciclável em Leopoldina, Minas Gerais, 2018.

Atualmente, toneladas de lixo são produzidas diariamente em todo o planeta. Como vimos, o acúmulo de lixo polui o ambiente e pode trazer problemas à saúde dos seres vivos. Por isso, é necessário adotar hábitos que visem reduzir a quantidade de lixo descartado e praticar a reciclagem.

As cores indicam o tipo de material que deve ser descartado nas lixeiras: azul para papel, vermelho para plástico, amarelo para metal e verde para vidro.

Mas, será que todo lixo pode ser reciclado? Para responder a essa pergunta, vamos investigar o tipo de lixo descartado em sua escola.

Antes de começar, responda:

1 Qual você acha que é o material descartado em maior quantidade em uma lixeira do pátio de sua escola?

☐ papel ☐ plástico ☐ metal

☐ vidro ☐ restos de alimentos

2 Será que tudo o que é descartado é reciclável?

☐ sim ☐ não

Você vai precisar de:

- sacos plásticos
- papel ou caderno para anotação
- 1 (um) plástico grande
- caneta ou lápis

Como fazer

1   A turma será organizada pelo professor em cinco grupos. Cada grupo receberá um saco plástico em que deverá ser colocado um tipo de material: papel, plástico, metal, vidro ou restos de alimentos e materiais não recicláveis.

2   Usando luvas de borracha, o professor vai estender o plástico no chão e despejar o conteúdo de uma lixeira do pátio sobre o plástico. O lixo será separado pelo professor de acordo com o material e colocado nos sacos de cada grupo.

3   Um integrante de cada grupo será responsável por registrar a quantidade de material colocada no saco plástico.

4   Ao final, os grupos deverão compartilhar seus resultados com os demais e produzir um gráfico coletivo com os dados coletados.

O gráfico poderá ser apresentado aos alunos e funcionários da escola por meio de um cartaz produzido pela turma e fixado no pátio ou em outra área comum da escola.

Agora, responda:

1   Na escola é descartada maior quantidade de materiais não recicláveis ou de materiais que podem ser reciclados?

☐   materiais não recicláveis

☐   materiais que podem ser reciclados

2   Qual foi o material mais descartado na lixeira?

3   Converse com os colegas e o professor sobre as perguntas da página anterior, que você respondeu antes de realizar a atividade. É necessário corrigir suas respostas? Por quê?

BIBLIOGRAFIA

ALENCAR, E. S. de (Org.). *Novas contribuições da psicologia aos processos de ensino e aprendizagem.* 4. ed. São Paulo: Cortez, 2001.

ANTUNES, C. *Jogos para a estimulação das múltiplas inteligências.* 12. ed. Petrópolis: Vozes, 2003.

ARMSTRONG, A.; CASEMENT, C. *A criança e a máquina:* como os computadores colocam a educação de nossos filhos em risco. Porto Alegre: Artmed, 2001.

ARRIBAS, T. L. *Educação infantil:* desenvolvimento, currículo e organização escolar. 5. ed. Porto Alegre: Artmed, 2004.

BARBOSA, L. M. S. *Temas transversais:* como utilizá-los na prática educativa. Curitiba: IBPEX, 2007.

BARCELOS, V. *Octávio Paz* — da ecologia global à educação ambiental na escola. Lisboa: Instituto Piaget, 2007.

BRANCO, S. M. *Viagem ao redor do Sol.* 2. ed. São Paulo: Moderna, 2003.

BRASIL. Ministério da Educação. *Ensino Fundamental de nove anos:* orientações para a inclusão da criança de seis anos de idade. Brasília: MEC/SEB/FNDE, 2006.

_____. Ministério da Educação. *Pró-letramento:* programa de formação continuada de professores das séries iniciais do Ensino Fundamental. Brasília: MEC/SEB/FNDE, 2006.

_____. Secretaria de Educação Fundamental. *Parâmetros curriculares nacionais:* ciências naturais, meio ambiente e saúde. Brasília: MEC/SEF, 1997.

_____. Secretaria de Educação Fundamental. *Parâmetros curriculares nacionais:* temas transversais — apresentação, ética, pluralidade cultural, orientação sexual. Brasília: MEC/SEF, 1997.

_____. Secretaria de Educação Fundamental. *Referencial curricular nacional para educação infantil.* Brasília, 1998.

CALLENBACH, E. *Ecologia:* um guia de bolso. São Paulo: Peirópolis, 2001.

CANIATO, R. *Com Ciência na Educação.* Campinas: Papirus, 2003.

CAPRA, F. et al. *Alfabetização ecológica:* a educação das crianças para um mundo sustentável. São Paulo: Cultrix, 2006.

CARVALHO, F. C. A. *Tecnologias que educam.* São Paulo: Pearson, 2010.

CIÊNCIA HOJE NA ESCOLA. Rio de Janeiro: SBPC/Ciência Hoje, 2000.

CIÊNCIA VIVA. *A construção do conhecimento.* São Paulo: Meca, 2001.

COELHO, M. I. M.; COSTA, A. E. B. (Col.). *A educação e a formação humana.* Porto Alegre: Artmed, 2009.

CUNHA, N. H. S. *Criar para brincar:* a sucata como recurso pedagógico. São Paulo: Aquariana, 2005.

DELIZOICOV, D.; ANGOTTI, J. *A metodologia do ensino de ciências.* São Paulo: Cortez, 1990.

DEVRIES, R. e outros. *O currículo construtivista na educação infantil:* práticas e atividades. Porto Alegre: Artmed, 2004.

DOW, K.; DOWNING, T. E. *O atlas da mudança climática.* São Paulo: Publifolha, 2007.

EINZIG, M. J. (Ed.). *Manual de primeiros socorros às emergências infantis.* São Paulo: Martins Fontes, 1995.

ESTEBAN, M. T. O que sabe quem erra? *Reflexões sobre avaliação e fracasso escolar.* 4. ed. Rio de Janeiro: DP&A, 2006.

FAZENDA, I. C. A. *Didática e interdisciplinaridade.* Campinas: Papirus, 2010.

GADOTTI, M. *Pedagogia da terra.* São Paulo: Peirópolis, 2000.

GARDNER, H. *Inteligências múltiplas:* a teoria na prática. Porto Alegre: Artmed, 1995.

GOULART, I. B. *Piaget:* experiências básicas para utilização pelo professor. Petrópolis: Vozes, 2003.

GREIG, P. *A criança e seu desenho:* o nascimento da arte e da escrita. Porto Alegre: Artmed, 2004.

GUIMARÃES, M. *A formação de educadores ambientais.* Campinas: Papirus, 2004.

GUZZO, V. *A formação do sujeito autônomo:* uma proposta da escola cidadã. Caxias do Sul: Educs, 2004.

HOFFMANN, J. *Avaliar para promover:* as setas do caminho. Porto Alegre: Mediação, 2009.

KOHL, M. F. *Iniciação à arte para crianças pequenas.* Porto Alegre: Artmed, 2005.

KRAEMER, L. *Quando brincar é aprender.* São Paulo: Loyola, 2007.

LEGAN, L. *A escola sustentável:* eco-alfabetizando pelo ambiente. São Paulo: Imesp; Pirenópolis: Ecocentro, Ipec, 2007.

LUCKESI, C. C. *Avaliação da aprendizagem escolar:* estudos e proposições. 18. ed. São Paulo: Cortez, 2006.

MARZANO, R. J.; PICKERING, D. J.; POLLOCK, J. E. *O ensino que funciona:* estratégias baseadas em evidências para melhorar o desempenho dos alunos. Porto Alegre: Artmed, 2008.

MINOZZO, E. L.; VILA, E. P. de. *Escola segura:* prevenção de acidentes e primeiros socorros. Porto Alegre: AGE, 2006.

MOYLES, J. R. et al. *A excelência do brincar.* Porto Alegre: Artmed, 2006.

OLIVEIRA, Z. R. de. *Educação Infantil:* fundamentos e métodos. São Paulo: Cortez, 2002.

PANIAGUA, G.; PALACIOS, J. *Educação infantil:* resposta educativa à diversidade. Porto Alegre: Artmed, 2007.

PERRENOUD, P. et al. *A escola de A a Z:* 26 maneiras de repensar a educação. Porto Alegre: Artmed, 2005.

REIGOTA, M. (Org.). *Verde cotidiano:* o meio ambiente em discussão. 2. ed. Rio de Janeiro: DP&A, 2001.

REVISTA NOVA ESCOLA. São Paulo: Abril.

ROEGIERS, X. *Aprendizagem integrada:* situações do cotidiano escolar. Porto Alegre: Artmed, 2006.

SANCHES, P. A.; MARTINEZ, M. R.; PEÑALVER, I. V. A. *Psicomotricidade na Educação Infantil.* Porto Alegre: Artmed, 2003.

SANCHO, J. M. et al. *Tecnologias para transformar a educação.* Porto Alegre: Artmed, 2006.

SILVA, J. F. da; HOFFMANN, J.; ESTEBAN, M. T. (Org.). *Práticas avaliativas e aprendizagens significativas.* Porto Alegre: Mediação, 2003.

SCHILLER, P; ROSSANO, J. *Ensinar e aprender brincando:* mais de 750 atividades para Educação Infantil. Porto Alegre: Artmed, 2008.

VILLAS BOAS, B. M. de F. *Virando a escola do avesso por meio da avaliação.* Campinas: Papirus, 2008.

MARCHA CRIANÇA

2º ANO

ENSINO FUNDAMENTAL

CADERNO DE CRIATIVIDADE E ALEGRIA

ALUNO: ....

ESCOLA: .... TURMA: ....

editora scipione

SUMÁRIO

O PLANETA TERRA

Os diferentes ambientes da Terra

1 Em qual ambiente do planeta Terra foi obtida cada fotografia? Indique o número das fotografias na representação da Terra a seguir, conforme a região de cada uma delas.

1. Ártico

FloridaStock/Shutterstock

3. Brasil

Escolha a imagem de um ambiente brasileiro e cole-a neste quadro.

2. Mar do Caribe

Damsea/Shutterstock

4. Deserto de Atacama

Samuel Cohen/Shutterstock

robert_s/Shutterstock

Oceano Atlântico

Oceano Pacífico

3

Os seres e o ambiente

2 Observe o ambiente a seguir.

Ilustra Cartoon/Arquivo da editora

- Circule de **vermelho** uma planta e de **azul** um animal.

- Pinte de **amarelo** um elemento construído.

- Pinte de **verde** um elemento não vivo.

- Desenhe outro ser vivo no ambiente.

O Sol e o ambiente

3 Vamos representar o movimento aparente do Sol?

- Pegue um pequeno objeto, como um apontador, e posicione-o no **X** que está no centro do quadro.

- Com o auxílio de uma lanterna, represente o movimento do Sol ao longo do dia. Lembre-se de que o Sol nasce a leste e se põe a oeste.

- Contorne a sombra do objeto em dois momentos: no período que representa a manhã e no período que representa a tarde.

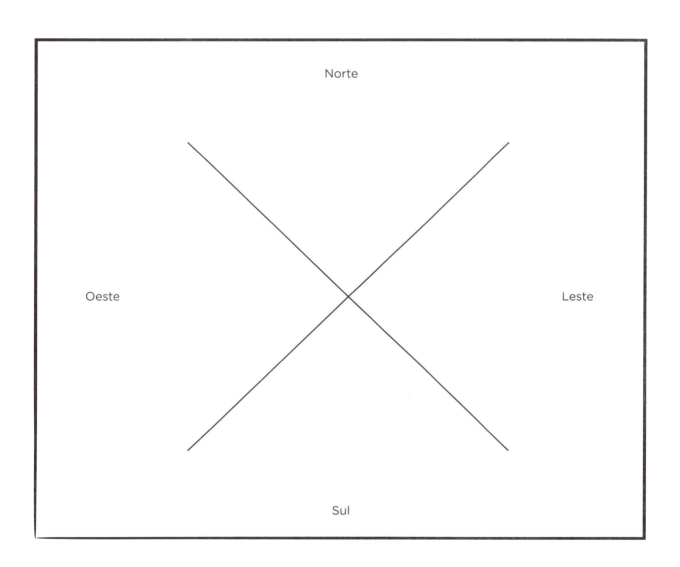

4 Separe os seguintes materiais e cole-os nos quadros a seguir.

Um pedaço de papel branco

Um pedaço de papel preto

Um clipe de metal

Um pedaço de plástico

Um retalho de tecido

Um material de sua escolha

Deixe esta folha exposta ao sol por alguns minutos.

- Quais materiais ficaram mais aquecidos?

- Quais materiais ficaram menos aquecidos?

Os recursos naturais

5 O que podemos fazer com os recursos extraídos da natureza?

• Siga as instruções e faça um cubo. Com um colega, joguem o cubo um de cada vez e apresentem os exemplos solicitados. O tracejado do cubo indica as partes a serem dobradas e as abas laterais, os locais que devem ser colados.

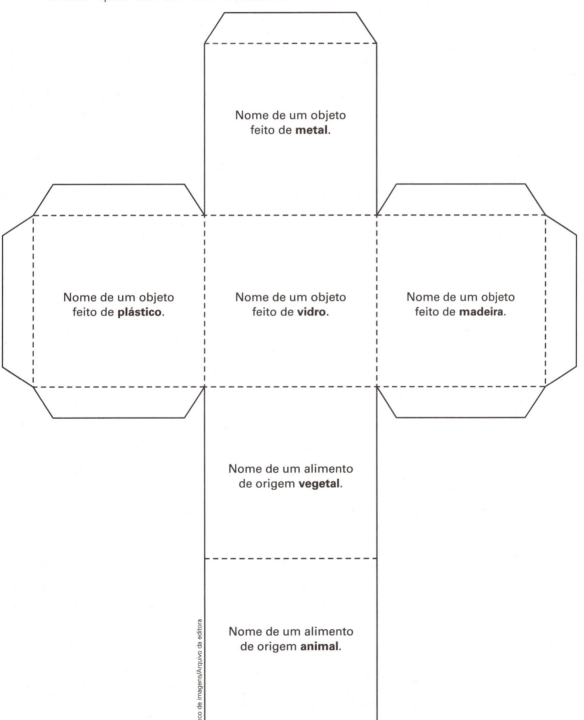

Nome de um objeto feito de **metal**.

Nome de um objeto feito de **plástico**.

Nome de um objeto feito de **vidro**.

Nome de um objeto feito de **madeira**.

Nome de um alimento de origem **vegetal**.

Nome de um alimento de origem **animal**.

Banco de imagens/Arquivo da editora

Problemas ambientais

6 Observe as imagens abaixo e circule 7 diferenças entre elas.

Ilustrações: Ilustra Cartoon/Arquivo da editora

- Quais tipos de poluição estão retratados nessas imagens?

....

....

- Desenhe como esse ambiente poderia ser se não houvesse poluição.

OS VEGETAIS

Tipos de planta

7 Observe a floresta a seguir e pinte: de **verde** as plantas altas; de **vermelho** as plantas médias; de **azul** as plantas baixas.

Ilustra Cartoon/Arquivo da editora

- Quais plantas recebem mais luz solar?

....

....

....

- Quais plantas vivem em um local mais sombreado?

....

8 Ligue cada árvore à sombra que corresponde a ela.

José Rodrigues/Arquivo da editora

9 Você sabia que, todos os dias, o girassol acompanha o movimento do Sol, como os ponteiros de um relógio?

• Desenhe a posição do Sol nos quadros a seguir.

José Rodrigues/Arquivo da editora

Como nascem e crescem os vegetais

10 Coloque em ordem numérica as etapas do desenvolvimento de um girassol.

- Que parte da planta deu origem ao girassol?

....

Partes de um vegetal

11 Para esta atividade você vai precisar de um palito de sorvete. Recorte as partes da planta abaixo e cole-as no palito, formando um girassol.

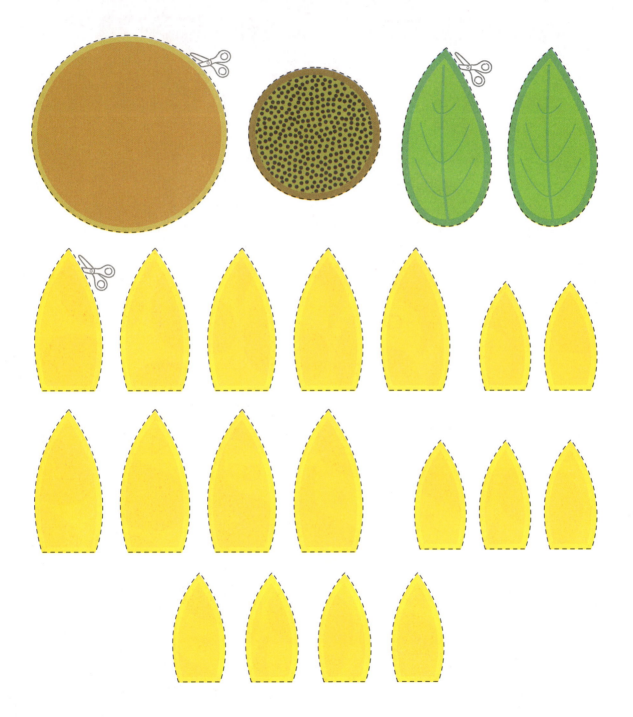

Ao final, espete seu girassol em um vaso ou no jardim da escola, virado para o Sol.

OS ANIMAIS

Os animais e o ambiente em que vivem

12 Procure no diagrama o nome de 8 animais.

B	E	C	E	P	R	K	R	D	Q	E	M
I	T	G	C	J	T	U	C	A	N	O	E
F	Y	O	A	L	A	H	O	R	G	A	D
U	J	R	Z	X	L	E	O	I	M	Z	U
T	A	R	T	A	R	U	G	A	E	B	S
M	G	S	V	I	F	B	O	W	X	H	A
C	U	E	H	D	N	Q	R	U	K	U	B
I	A	L	O	E	R	A	I	L	E	P	O
O	T	P	I	M	B	J	L	Z	V	P	Z
K	I	A	V	U	O	N	A	T	F	A	I
M	R	G	B	A	L	E	I	A	Z	Y	S
E	I	N	E	H	C	K	E	M	P	I	Q
H	C	A	V	A	L	O	B	G	D	L	E
A	A	I	C	A	M	A	R	Ã	O	G	C

13 Preencha a tabela a seguir com o nome dos animais que você encontrou no diagrama da atividade anterior. Atenção: o mesmo animal pode aparecer mais de uma vez.

São ovíparos	Têm o corpo coberto de pelos

Têm carapaça	Vivem na água

- De qual animal do diagrama você mais gosta? Desenhe-o no espaço abaixo.

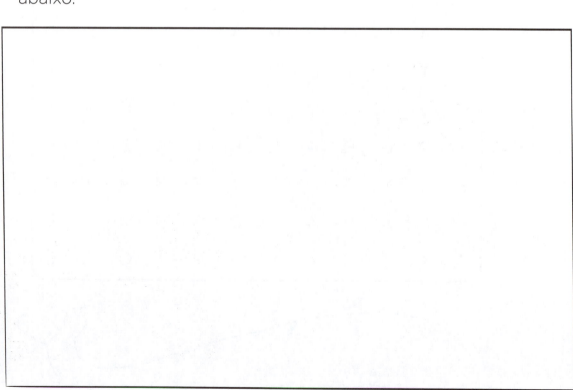

O *habitat* dos animais

14 Recorte as imagens dos animais brasileiros ameaçados de extinção e cole-as nos espaços das páginas 21 e 22.

OSTILL is Franck Camhi/Shutterstock

Tomas Kotouc/Shutterstock

buteo/Shutterstock

Marcos Amend/Pulsar Imagens

COLE AQUI.

Jaguatirica

Peso: entre 8 e 16 quilos.

Comportamento: vive sozinha, tem hábitos noturnos e se alimenta de aves e pequenos roedores.

Tamanduá-bandeira

Peso: até 40 quilos.

Comportamento: tem hábitos noturnos e usa suas unhas compridas para destruir cupinzeiros e apanhar cupins, seu principal alimento.

COLE AQUI.

COLE AQUI.

Sapo-flamenguinho

Tamanho: 2 centímetros (em média).

Comportamento: ativo em estações chuvosas, recebe esse nome por causa de suas cores vermelha e preta.

Pintor-verdadeiro

Tamanho: 13 centímetros (em média).

Comportamento: vive na floresta, em grupos familiares. Às vezes, visita pomares e plantações.

COLE AQUI.

COLE AQUI.

Ariranha

Tamanho: 1 metro (em média).

Comportamento: vive em grupos familiares de 5 a 9 animais e se alimenta de peixes.

Baleia jubarte

Peso: de 35 a 40 toneladas.

Comportamento: migra em grupos por diversos oceanos durante o ano em busca de comida.

COLE AQUI.

COLE AQUI.

Cervo-do-pantanal

Peso: de 100 a 150 quilos.

Comportamento: tem hábitos diurnos e se alimenta de vegetais.

Macaco-prego

Peso: cerca de 2 quilos.

Comportamento: vive em grupos e se alimenta de frutas, insetos e ovos.

COLE AQUI.

O esqueleto dos animais

15 Você sabe se todos estes animais têm esqueleto? Para descobrir, olhe as imagens desta página e da página 25 contra a luz.

Sapo

Peixe

Caracol

Jacaré

Galo

Pomba

Tubarão

Ilustrações: Osni de Oliveira/Arquivo da editora

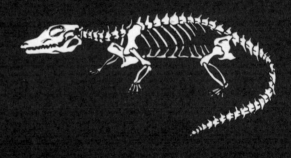

Cavalo

Estrela-do-mar

Gafanhoto

Medusa

Borboleta

Tartaruga

Gavião

Cobra

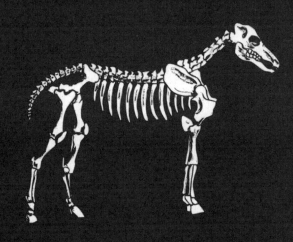

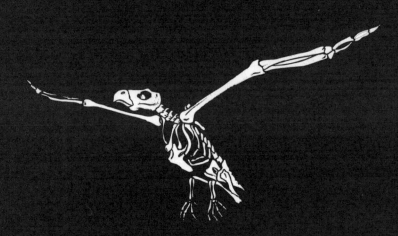

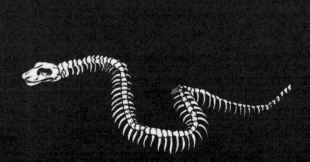

O comportamento dos animais

16 Desenhe e recorte a imagem de uma pequena abelha. Em seguida, posicione-a na imagem das abelhas a seguir e siga o movimento de suas danças. A dança das abelhas é um importante mecanismo de comunicação entre esses insetos.

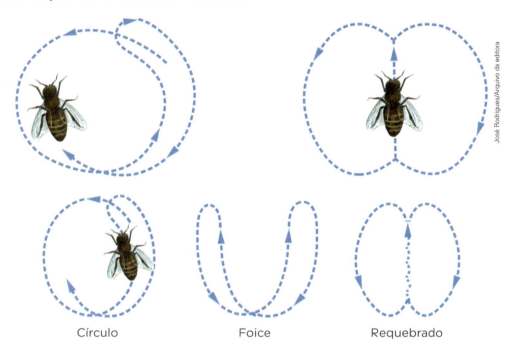

Círculo   Foice   Requebrado

As abelhas utilizam a dança e a direção do Sol para informar às companheiras a localização, a distância e a qualidade do alimento (néctar) que encontram.

● As abelhas são animais que vivem em bando ou são animais solitários?

....

....

● O ser humano é um animal que vive em bando ou, como costumamos dizer, em sociedade. Escolha uma maneira de informar a um colega como encontrar um lugar onde o alimento é de qualidade.

....

....

....

....

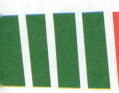

SAÚDE E PREVENÇÃO

Conhecendo nosso corpo

17 Giulia vai se vestir para andar de *skate*.

- Encontre a parte do corpo que cada peça vai vestir e preencha a cruzadinha a seguir.

Óculos
Tênis
Luvas
Blusa e *short*
Capacete
Joelheiras

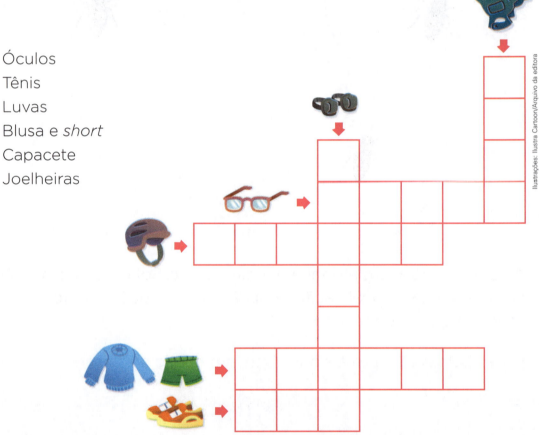

Ilustrações: Ilustra Cartoon/Arquivo da editora

- Você acha que Giulia está cuidando da saúde ao praticar atividade física?

....

....

- Quais cuidados ela toma para evitar acidentes?

....

....

De onde vêm os alimentos?

18 Pesquise e recorte nomes e imagens de alimentos em revistas e jornais. Siga as instruções na imagem abaixo e obtenha uma sacola de compras.

• Separe e guarde na sacola apenas os alimentos de origem vegetal.

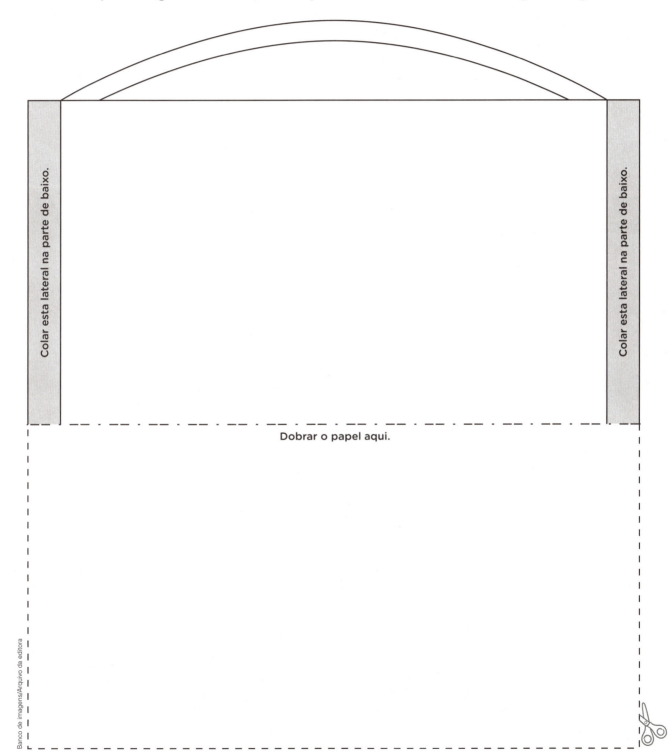

Colar esta lateral na parte de baixo.

Colar esta lateral na parte de baixo.

Dobrar o papel aqui.

Banco de imagens/Arquivo da editora

Prevenção de doenças

19 Um ambiente sujo e poluído pode prejudicar a saúde. Você sabia que as fezes de animais domesticados, em lugares públicos, podem transmitir doenças?

- Escreva uma frase no cartaz abaixo ou faça o próprio cartaz orientando as pessoas a recolher as fezes de seus *pets*.

POR FAVOR

Banco de imagens/Arquivo da editora

- Recorte o cartaz e cole-o na escola ou em uma área próxima — em um poste de uma praça ou rua, por exemplo.

SUMÁRIO

EFEITOS DA POLUIÇÃO

Os gases emitidos por alguns carros e indústrias são nocivos para o nosso corpo. A seguir, confira quais são os principais gases poluentes e conheça alguns de seus efeitos no nosso organismo.

DIÓXIDO DE NITROGÊNIO
Causa piora em quem tem asma e reduz as funções do pulmão.

DIÓXIDO DE ENXOFRE
Irrita os pulmões e agrava doenças respiratórias. Provoca tosse.

OZÔNIO
Irrita os olhos e faz tossir.

MONÓXIDO DE CARBONO
Dá dor de cabeça e provoca cansaço e tontura.

IMAGENS: SHUTTERSTOCK

FONTE: JORNAL *JOCA*, EDIÇÃO 15 (9/11/2012 A 16/11/2012).

VOCÊ SABIA QUE...

PLANTAS

...uma árvore adulta é capaz de absorver até 250 litros de água do solo por dia?

...a pimenta mais ardida do mundo se chama Carolina Reaper? Ela surgiu da combinação entre outras espécies de pimenta, nos Estados Unidos.

...uma árvore saudável e de tamanho grande resfria tanto quanto dez aparelhos de ar condicionado funcionando 20 horas por dia?

...a maior semente do mundo é de uma palmeira das ilhas Seychelles, no Oceano Índico? Ela pesa entre 25 e 30 quilogramas.

1 metro

...uma das maiores flores existentes é a *Rafflesia arnoldii,* que pode medir até 1 metro de diâmetro e pesar 11 quilogramas? Chamada de flor-monstro, ela é encontrada na Indonésia.

...uma árvore adulta absorve cerca de 22 quilogramas de gás carbônico (um gás poluente) por ano?

FONTES: JORNAL *JOCA*, EDIÇÕES 54 (10/3/2015 A 23/3/2015) E 69 (17/11/2015 A 2/2/2016).

ANIMAIS AMEAÇADOS
DE EXTINÇÃO NO BRASIL

Nos últimos cem anos, muitos animais desapareceram da Terra. A caça ilegal, a poluição e o desmatamento são alguns dos grandes responsáveis pelo desequilíbrio do meio ambiente e pela extinção de várias espécies. A seguir, veja alguns animais que estão em perigo no Brasil.

ARARA-AZUL: mede até 1 metro, pesa até 1,3 quilograma e pode ser vista em 11 estados brasileiros (como Amazonas e Bahia). Ela está ameaçada pela destruição do habitat e pela caça ilegal.

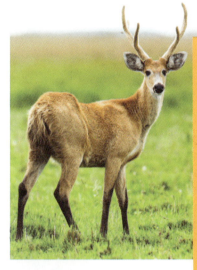

CERVO-DO--PANTANAL: chega a pesar 130 quilogramas e é considerado a maior espécie de cervídeo a habitar a América Latina. Vive em planícies e campos, mas foi afetado por construções feitas pelo ser humano.

ONÇA-PINTADA: é o maior felino das Américas, com até 135 quilogramas. Está ameaçada por causa da caça e do desmatamento. Alimenta-se de outros animais, como jacarés e tatus. No Brasil, já é difícil vê-la nas regiões Nordeste e Sul.

TARTARUGA-DE-COURO: está criticamente ameaçada de extinção no Brasil. Pesando em média 400 quilogramas e com até 1,78 metro de comprimento, sofria com ataques a seus ovos, postos na areia de praias. O dano causado pela ação do ser humano ainda não foi recuperado.

FONTES: JORNAL *JOCA*, EDIÇÕES 59 (19/5/2015 A 1/6/2015) E 100 (28/8/2017 A 11/9/2017).

POLUIÇÃO SONORA NO
MUNDO MARINHO

Um estudo feito por cientistas da Universidade de Newcastle, no Reino Unido, em 2017, descobriu que os animais marinhos estão estressados por causa da poluição sonora nos oceanos.

A pesquisa aponta que o barulho causado pelo tráfego de navios e por obras marítimas deixa os animais confusos e os atrapalha quando precisam fugir de um predador, por exemplo.

A experiência mediu o nível de estresse do peixe robalo europeu: houve uma simulação do barulho causado por perfurações feitas para retirar petróleo do fundo do mar e de construções de outro projetos, como estações de salva-vidas. Os pesquisadores perceberam que fica mais difícil para o peixe notar a aproximação de um predador.

De acordo com a pesquisa, os ruídos também podem atrapalhar a alimentação e a reprodução dos animais.

SONS QUE PERTURBAM

Decibéis (dB) são as unidades usadas para medir níveis sonoros. Segundo a Organização Mundial da Saúde (OMS), o nível seguro é de até 85 dB por até 8 horas de exposição. Confira os níveis a que somos expostos no dia a dia:

60 dB: escritório com computadores.

70 dB: aspirador de pó ou festa barulhenta.

120 dB: uma banda de rock tocando ao vivo.

100 dB: o som de uma motocicleta.

FONTE: JORNAL *JOCA*, EDIÇÕES 59 (19/5/2015 A 1/6/2015) E 100 (28/8/2017 A 11/9/2017).

AS MAIORES TRAGÉDIAS AMBIENTAIS DO BRASIL

Em 5 de novembro de 2015, o rompimento de uma barragem de rejeitos de minério de ferro em Mariana, Minas Gerais, matou 19 pessoas e afetou animais e plantas em torno do rio Doce.

Cerca de três anos mais tarde, em 25 de janeiro de 2019, outro rompimento de barragem, em Brumadinho, Minas Gerais, tirou a vida de centenas de pessoas e de um número incalculável de animais. As águas do rio Paraopeba foram atingidas pela lama.

1 tonelada equivale a 1 000 quilogramas

MARIANA

RIOS E ROMPIMENTO DE BARRAGEM

1. A lama deposita rejeitos no fundo do rio. A "cama" que se forma endurece e sufoca algas, crustáceos e insetos, que são a base da cadeia alimentar.
2. O curso do rio é alterado, afetando todo o ecossistema.
3. A lama altera as características da água, como temperatura e nível de oxigênio.
4. Animais grandes e pequenos dependem do rio para viver, pois precisam da água para beber e dos animais que vivem lá para caçar.

A VIDA AFETADA EM MARIANA
O impacto segue sendo analisado, mas, na época do desastre, a previsão era de que estavam ameaçadas:

3 espécies de plantas
Entre 64 e 80 espécies de peixes
28 espécies de anfíbios
4 espécies de répteis
Entre 112 e 248 espécies de aves
35 espécies de mamíferos

A pior situação em Mariana foi a dos peixes. Um mês depois do desastre, **11 toneladas** de peixes mortos foram retirados de rios, como o Doce, em Minas Gerais e no Espírito Santo. Além disso, a lama que vazou em Mariana destruiu 1.469 **hectares** de mata nativa.

O QUE SÃO HECTARES?
É uma unidade de medida de área. **1 hectare equivale a 10 mil metros quadrados** (o campo de futebol do Estádio do Maracanã, por exemplo, tem 7 140 metros quadrados).

MARIANA E BRUMADINHO

MINAS GERAIS

BELO HORIZONTE

BRUMADINHO

MARIANA

BRUMADINHO

Ajudar sempre!

MAIS PERDAS

A tragédia de Mariana destruiu o subdistrito de Bento Rodrigues, a 35 quilômetros do centro. Plantações foram devastadas. Em Brumadinho, mais de cem pessoas ficaram desabrigadas.

MINERADORA DE FERRO

O minério de ferro está presente no dia a dia de todos. Ele é a matéria-prima do aço, usado na produção de ferramentas, carros e muitos outros itens. Em um dos métodos de extração desse material da natureza, muita água é necessária para separá-lo de impurezas. Disso surge a lama com os rejeitos (aquilo que não é aproveitado), armazenados nas barragens. Foi esse material que vazou em Brumadinho e Mariana.

O PROCESSO DE EXTRAÇÃO DO MINÉRIO DE FERRO

MINA
O minério de ferro é extraído de minas.

BENEFICIAMENTO
Grandes rochas são moídas e as impurezas são separadas do minério em um local chamado unidade de beneficiamento.

BARRAGEM
As barragens armazenam as impurezas (a lama contém restos de produtos químicos usados no processo).

FONTES: JORNAL *JOCA*, **EDIÇÕES 74 (5/4/2016 A 18/4/2016) E 124 (28/1/2018 A 11/2/2018).**

PRIMEIROS SOCORROS

Dicas para saber como agir quando algum acidente acontece

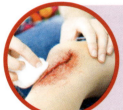

MACHUCADO
Aperte o sangramento bem firme por, pelo menos, cinco minutos. Lave bem com água e sabão ou soro fisiológico.

CONVULSÃO
Chame uma ambulância. Não tente parar os movimentos da pessoa. Proteja-a para que não se machuque. Não coloque o dedo dentro da boca para "desenrolar" a língua. Deite-a de lado para não engasgar.

AFOGAMENTO
Chame uma ambulância. Enquanto espera, é possível fazer respiração boca a boca, assoprando duas vezes dentro da boca da vítima e mantendo as narinas fechadas. Faça também massagem cardíaca no tórax.

Massagem cardíaca
- Braços esticados
- Ombros sobre as mãos
- Use a base das mãos

QUEDA
Se cair e quebrar o braço ou a perna, faça uma tipoia para imobilizar o local e diminuir a dor até chegar ao hospital. Se alguém bater a cabeça e vomitar ou ficar confuso, chame uma ambulância – é preciso levar a pessoa até o pronto-socorro.

EM CASO DE EMERGÊNCIA, SEMPRE PROCURE UM ADULTO!

PICADA DE ABELHA
Retire o ferrão com uma pinça e lave a área atingida com água e sabão. Se a pessoa for alérgica ou estiver com inchaço, coceira, sensação de mal-estar ou tontura, leve a pessoa para o hospital.

ALERGIA A ALIMENTOS
Se a pessoa tiver dificuldade para respirar, chame uma ambulância para levá-la imediatamente para o pronto- - socorro.

QUEIMADURA
Coloque a parte do corpo queimada debaixo de água corrente por 15 minutos. Em seguida, procure um hospital.

PICADA DE SERPENTE
Não aperte o local. Lave com água e sabão e peça a ajuda de um adulto para levar a vítima para o pronto-socorro. Se for possível, o adulto deve levar informações sobre a serpente na identificação da espécie para o tratamento.

TELEFONES ÚTEIS:
Ambulância
192
Bombeiros (resgate)
193
Polícia Militar
190

IMAGENS: GETTY E SHUTTERSTOCK

FONTE: JORNAL *JOCA*, EDIÇÃO 57 (23/4/2015 A 4/5/2015).

USO DE CELULAR À NOITE ATRAPALHA A SAÚDE DOS JOVENS

Quem mexe no celular antes de dormir tem mais dificuldade de relaxar, dorme menos e não descansa como deveria. Isso afeta a saúde em diferentes níveis, podendo causar depressão, obesidade e atrapalhar o desenvolvimento do organismo.

A conclusão é de uma pesquisa realizada pela universidade britânica King's College, entre 2011 e 2015, com cerca de 120 mil crianças e adolescentes de vários países e idade entre 6 anos e 19 anos. Segundo a pesquisa, o celular deixa as pessoas agitadas. Além disso, a luz emitida pela tela leva o cérebro a entender que ainda é dia, atrasando a chegada do sono.

Os especialistas alertam que deixar os aparelhos eletrônicos no quarto durante o descanso também é ruim: a atitude deixa os jovens mais ansiosos e ligados às mensagens que podem chegar.

QUANDO O CELULAR É USADO ANTES DE DORMIR:

- A luz da tela confunde o corpo e retarda o sono.

- É comum acordar mais vezes durante a noite.

- A memória e o humor são prejudicados pela falta de descanso.

- Os hormônios produzidos durante o sono são alterados, o que contribui para causar problemas relacionados a crescimento, alimentação e doenças.

QUE SONO!

FONTE: JORNAL *JOCA*, EDIÇÃO 106 (30/1/2018 A 19/2/2018).

QUANTAS ÁRVORES EXISTEM NO MUNDO?

Para descobrir quantos **hectares** são cobertos por florestas e quantos foram desmatados, os cientistas usam imagens feitas por satélites artificiais que ficam ao redor da Terra. Mas e para saber quantas árvores existem em cada um desses **hectares**?

Em pesquisa publicada na revista *Nature*, em 2015, cientistas afirmaram que existiam **3,04 trilhões** de árvores no planeta. Isso quer dizer que, em 2015, havia 422 árvores para cada humano.

Para fazer a conta, os pesquisadores usaram satélites e foram a campo. A maior parte das árvores estava nas áreas tropicais e subtropicais, como na Amazônia e nas florestas da África e da Indonésia, onde havia mais de **1,4 trilhão** delas.

Mas também há muitas árvores em florestas boreais, como no Canadá e na Rússia (**740 bilhões**), e nas florestas de clima temperado, como na Europa (**660 bilhões**).

O estudo ainda descobriu que, por causa do desmatamento, o número de árvores vem caindo: cerca de **15 bilhões** são derrubadas por ano.

VOCÊ LEMBRA O QUE É UM HECTARE?

É uma unidade de medida que equivale a 10 000 metros quadrados. Observe a comparação com **o campo de futebol do Estádio do Maracanã**.

É MUITO CAMPO PARA CORRER!

100 METROS

10 METROS

VAMOS JOGAR JUNTOS!

FONTE: JORNAL *JOCA*, EDIÇÃO 74 (5/4/2016 A 18/4/2016).

A PRIMEIRA FLOR A NASCER NO ESPAÇO

Em janeiro de 2016, a Nasa (agência espacial estadunidense) divulgou fotografias da primeira flor nascida no espaço. Do gênero das zínias, ela cresceu na Estação Espacial Internacional (ISS – sigla para International Space Station) após dois anos de experimentos para cultivar plantas por lá.

Antes, os astronautas da ISS já tinham conseguido fazer com que alfaces e outros vegetais nascessem. Também aconteceram tentativas anteriores com flores, mas sem sucesso por causa da alta umidade do local e do pouco ar disponível. Foi preciso que os astronautas desenvolvessem um método para cuidar da flor, deixando de lado os padrões usados na Terra, como a frequência com que a planta recebia água. Assim, o ciclo de crescimento se completou pela primeira vez em um ambiente fora da Terra.

TALHERES COMESTÍVEIS
CONTRA O LIXO

Uma empresa da Índia, fundada em 2010, criou uma tecnologia simples e ecológica para ajudar a reduzir um dos maiores problemas do mundo: o lixo. A companhia desenvolveu talheres comestíveis para substituir a versão de plástico.

Os produtos são feitos usando arroz, um tipo de planta (chamada sorgo) e farinha de trigo, e não há adição de produtos conservantes.

Quem não quiser comer os talheres pode descartá-los sem peso na consciência. O tempo de decomposição na natureza é de quatro dias, enquanto o plástico demora muito mais – um copo de plástico leva 50 anos para se decompor e uma garrafa, até 400.

EL GATO CON BOTAS

Cuento de Charles Perrault
Adaptado por Amanda Valentin
Ilustrado por André Rocca

Aluno: ....

Escola: .... Turma: ....

editora scipione

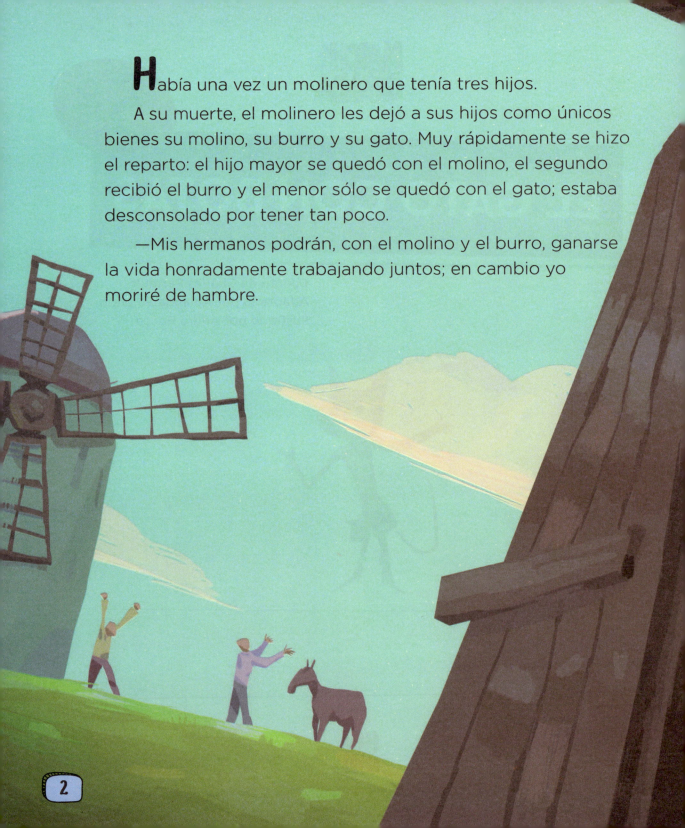

Había una vez un molinero que tenía tres hijos.

A su muerte, el molinero les dejó a sus hijos como únicos bienes su molino, su burro y su gato. Muy rápidamente se hizo el reparto: el hijo mayor se quedó con el molino, el segundo recibió el burro y el menor sólo se quedó con el gato; estaba desconsolado por tener tan poco.

—Mis hermanos podrán, con el molino y el burro, ganarse la vida honradamente trabajando juntos; en cambio yo moriré de hambre.

El gato, al oír a su amo afirmar estas cosas, le dijo con un aire comedido y grave:

—No te aflijas en absoluto, dame un saco y un par de botas para ir por los zarzales, y ya verás que tu herencia no es tan poca cosa como crees.

El joven no pudo creer que su propia mascota hablara, pero, como ya lo había visto actuar con tanta agilidad para atrapar ratas y ratones, tuvo esperanzas de que su gato le socorriera en su miseria.

El gato calzó las botas, colocó el saco al cuello y se dirigió hacia un conejal, en donde había muchos conejos, para cazarlos.

El gato cazó dos grandes conejos y se dirigió hacia donde vivía el rey.

Pidió a los oficiales reales que lo dejaran entrar para hablar con su Majestad, y ellos le hicieron pasar a las habitaciones del rey. Después de hacer una gran reverencia al rey, le dijo:

—Señor, traigo dos conejos de campo que mi amo, el señor Marqués de Carabás —que fue el nombre que se le ocurrió dar a su amo—, me ha encargado ofrecerle de su parte.

—Dile a tu amo que se lo agradezco —contestó el rey muy contentamente.

Durante dos o tres meses el gato continuó llevando al rey las piezas que cazaba y le decía que su amo las enviaba. Eran liebres, perdices, faisanes, etc.

Un día el rey le dijo:

—Me gustaría conocer a tu amo, gato con botas.

En ese mismo día el gato se enteró que el rey iría de paseo por la orilla del río con su hija, la princesa más bella del reino, y le dijo a su amo:

—Si sigues mi consejo, podrás hacer fortuna; entra en el río en el lugar que yo te indique y después déjame actuar.

El joven hizo lo que su gato le aconsejó, sin saber con qué fines lo hacía.

Mientras se bañaba, pasó por ahí el rey, y el gato se puso a gritar con todas sus fuerzas:

—¡Socorro! ¡Socorro! ¡Que el Marqués de Carabás fue asaltado!

Al oír los gritos el rey se asomó por la ventanilla de su carruaje y al reconocer al gato que tantas piezas de caza le había entregado, ordenó a sus guardias que fueran prestos al auxilio del Marqués de Carabás.

Mientras sacaban del río al pobre Marqués, el gato se acercó a la carroza y le dijo al rey que durante el baño de su amo unos ladrones habían llegado y llevado sus ropas.

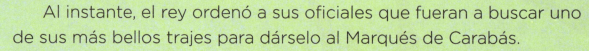

Al instante, el rey ordenó a sus oficiales que fueran a buscar uno de sus más bellos trajes para dárselo al Marqués de Carabás.

Con los hermosos ropajes que acababan de darle, el joven realzó su figura, pues él era guapo y de buen porte. El rey quiso que el dicho Marqués de Carabás subiera a su carroza y que los acompañara en su paseo.

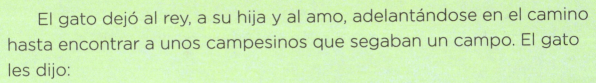

El gato dejó al rey, a su hija y al amo, adelantándose en el camino hasta encontrar a unos campesinos que segaban un campo. El gato les dijo:

—Buena gente, díganle al rey que el campo que están segando pertenece al Marqués de Carabás, así como el castillo que está más adelante.

Luego el gato entró en el castillo y encontró un hechicero.

El hechicero, para demostrar su poder, se convirtió, delante del gato, en un león.

Sin embargo, el gato —que era muy astuto— desafió el hechicero diciendo:

—No hay nada de misterioso en transformarse en un animal grande y feroz. Hacerlo al revés es que me parece mucho más desafiador. No creo posible, por ejemplo, que logres convertirte en un ratón.

El hechicero, sin pensar, en un pispás, se convirtió en un ratón. El gato con botas no tuvo dudas: se lo comió rápidamente.

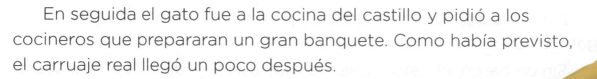

En seguida el gato fue a la cocina del castillo y pidió a los cocineros que prepararan un gran banquete. Como había previsto, el carruaje real llegó un poco después.

Al pasar por el castillo, el rey no se olvidó de preguntar a los segadores de quién era todo aquel campo que segaban.

—Estos campos pertenecen al Marqués de Carabás, señor.
—respondieron.

El rey, al ver tantas riquezas, dijo al Marqués de Carabás:

—Mi estimado amigo, como estoy encantado con tanta
abundancia y con su total cordialidad.

Así el rey decidió casar a su hija con el hijo menor del molinero.

Las bodas se realizaron unos pocos días después en el castillo del Marqués de Carabás con muchas festividades.

Y allí el nuevo príncipe y la princesa vivieron felices.

El gato con botas, como recompensa de su amo, vivió también en aquel castillo tan bonito para siempre.

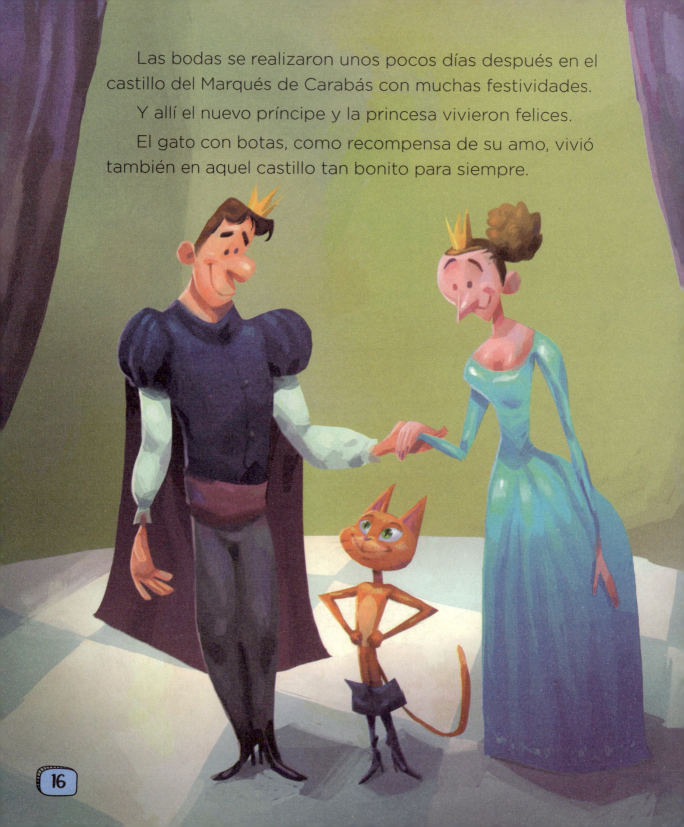